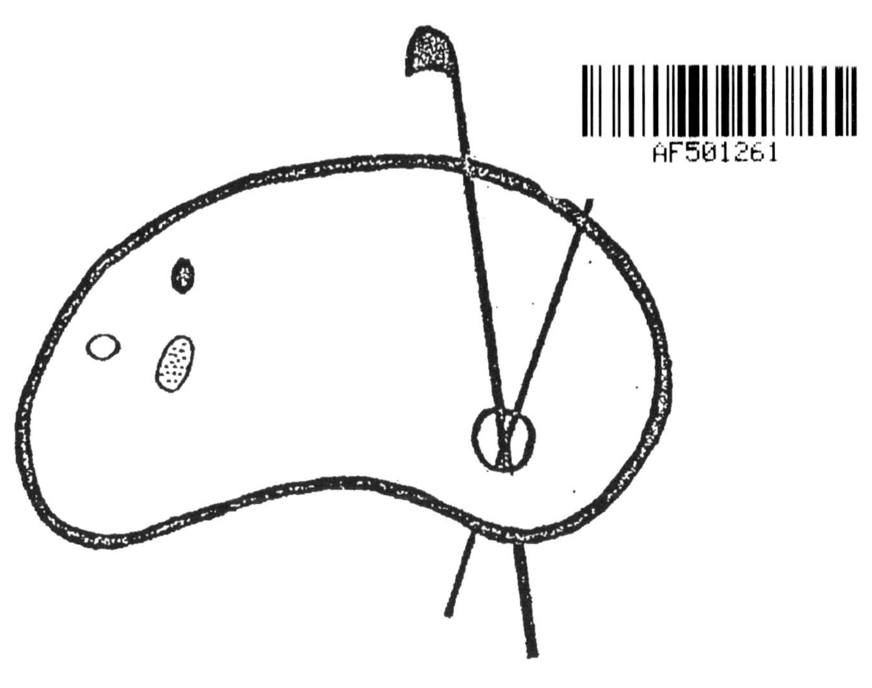
AF501261

15,— Paris. — Imprimerie de Cusset et Cᵉ, 26, rue Racine.

LE SYMBOLE

DE

SAINT ATHANASE

D'APRÈS SAINTE HILDEGARDE

(LES LIVRES DE LA SAGESSE)

PAR

PIERRE LACHÈZE (de Paris)

Envoyez, Seigneur, du haut du ciel l'assistance de votre Esprit de Sagesse.

(SAGESSE, IX, 4.)

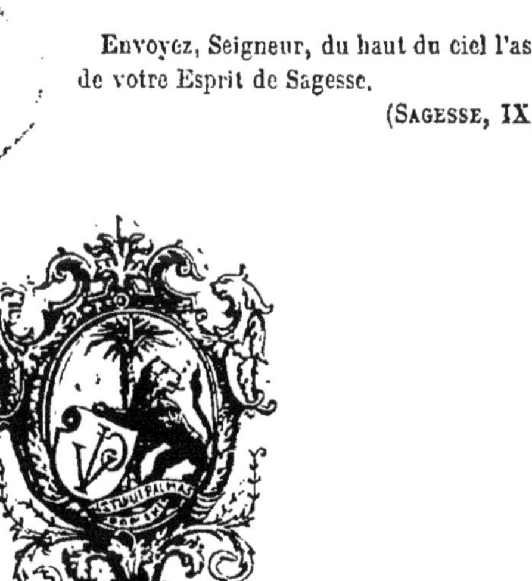

PARIS

V. PALMÉ, LIBRAIRE-ÉDITEUR

RUE DE GRENELLE, 25

1870

AVANT-PROPOS.

C'est après avoir élaboré les trente-huit Questions adressées à sainte Hildegarde, notamment les 26e, 27e, 28e, 30e et 38e Questions, qu'à propos de l'*Ambroisie*, dont il est parlé au verset 20 du dernier chapitre de la Sagesse et de la confusion des éléments aux vers. 17, 18 et 19 du même chapitre, nous sommes préparé à donner l'interprétation du *Livre de la Sagesse*.

Or le P. de Carrières (t. VIII, p. 497) divise le *Livre de la Sagesse* en deux parties : « La première, dit-il, contient une exhortation à la Sagesse. L'auteur y emploie tous les motifs qui peuvent nous porter à la recherche de la Sagesse ; il expose les avantages qu'elle procure ; il propose pour exemple Salomon ; il continue d'exposer les avantages de la Sagesse ; et il conclut en avertissant qu'elle est un don de Dieu, et qu'ainsi c'est à lui qu'il faut la demander.

« La seconde partie renferme une espèce de paraphrase de la prière que Salomon fit au Seigneur au commencement de son règne, pour lui demander la Sagesse ;

« Et toute la suite de ce Livre est une continuation de cette prière, où l'auteur décrit les effets de la Sagesse sur les anciens patriarches, et ensuite sur le peuple de Dieu. »

Quant à nous, nou, trouvons dans ces dernières paroles une troisième division, que nous appellerons la partie prophétique, où, sous la figure des anciens patriarches et du peuple de Dieu, sont représentées les merveilles qui opéreront à la fin le dernier retour des Juifs. Voilà ce à quoi nous sommes amené par l'interprétation des Questions adressées à sainte Hildegarde.

Ainsi pour nous :

La première partie se compose des huit premiers chapitres ;

La seconde partie renferme la prière au neuvième chapitre ;

La troisième partie commence au dixième chapitre et se poursuit jusqu'à la fin.

O Marie immaculée, que l'on invoque pour implorer les lumières de l'Esprit saint, nous plaçons cet opuscule sous vos favorables auspices, en récitant cette prière, que nous n'avons cessé de répéter tous les jours depuis notre enfance : *Mitte, Domine, de cœlis sedium tuarum assistricem sapientiam.*

LE LIVRE DE LA SAGESSE.

PREMIÈRE PARTIE.

AVANTAGES DE LA SAGESSE.

CHAPITRE PREMIER.

ACTION DE DIEU SUR LES AMES SIMPLES ; PUNITION DES BLASPHÉMATEURS.

1. (O Rois des derniers temps), qui jugez la terre, ayez
sur Dieu des notions plus morales, et recherchez-le dans la
simplicité de votre cœur ; 2. car il se révèle à ceux qui ne
le tentent pas (par des systèmes qui nient sa puissance),
et il se fait connaître à ceux qui mettent en lui leur confiance
(sur sa continuelle Providence. Que l'on ne croie pas que le
temps des miracles est passé, et que l'esprit prophétique a
cessé de souffler sur la terre ; 3. cette incrédulité vient) des
mauvaises pensées qui séparent de Dieu ; tandis que la
vertu éprouvée trouve (par ses communications avec le
Seigneur) de quoi confondre les insensés. 4. La sagesse
s'éloignera de l'âme pervertie, elle n'habitera pas un corps
assujetti au péché. (Quelle apparence que le pécheur puisse
atteindre les merveilles de la Foi, et comprendre les secrets
ressorts qui font agir l'homme vertueux ?) 5. L'Esprit
saint, ami de la science, fuit les fables et les déguisements ;
il n'inspire pas de vaines conceptions ; il se retire dès que
paraît l'iniquité. 6. L'Esprit de sagesse est essentiellement
bon ; il ne délivrera pas le blasphémateur de ses impiété ;

parce que Dieu sonde les reins et les cœurs, il pénètre et entend tout; 7. et, puisque l'Esprit de Dieu remplit l'univers, et qu'il contient tout, il connaît tous les secrets du langage. 8. Celui donc qui conçoit de mauvais desseins ne peut fuir les regards de Dieu, ni échapper au jugement qui le condamne; 9. les pensées de l'impie iront jusqu'à Dieu recevoir leur châtiment. 10. Car le zèle de la colère du Seigneur couvrira les clameurs de sa révolte.

11. Gardez-vous donc de cet esprit de licence. Inutile de tramer en secret, puisque rien ne peut rester caché ni impuni, et que le mensonge donne la mort à l'âme. 12. Cessez de chercher la mort dans les égarements de votre vie, et n'ourdissez pas de vos mains la trame qui doit vous perdre. 13. Car Dieu n'est pas la cause de la mort, et il ne peut se plaire dans la destruction des vivants. 14. La création, au contraire, ne respire que la vie; toutes les créatures étaient saines à leur origine, sans avoir besoin de réparation, sans être soumises à l'empire de l'enfer. 15. La justice du Seigneur est pleine de ressources et d'immortalité. 16. Ce sont les impies qui ont appelé la mort par leurs œuvres et par leurs discours; et la croyant amie, ils en ont été consumés; ils ont fait un pacte avec elle, parce qu'ils étaient dignes de sa société.

CHAPITRE II.

LES CONSEILS DE L'ENFER POUR ENGAGER L'IMPIE A PERSÉCUTER LE JUSTE.

1. Ils ont dit dans l'égarement de leurs pensées: « Le temps est court, la vie ennuyeuse, et l'homme n'a point de consolation à la mort, puisque personne n'est revenu de l'autre monde: 2. nés du néant, nous retournons au néant; nous ne sommes qu'un souffle; et notre parole n'est qu'une étincelle qui agite notre cœur; 3. sitôt que ce feu s'éteint,

notre corps est réduit en poussière, notre vie n'est qu'une vapeur légère, qui passe et s'évanouit comme un nuage aux rayons du soleil, et qui se condense à sa chaleur;
4. notre nom sera bientôt mis en oubli, et personne ne tiendra compte de ce que nous avons fait; 5. le temps passe comme une ombre et sans retour; le terme est fixé, et nul ne revient. »

« 6. Venez donc jouir du présent, hâtons-nous de profiter de la jeunesse; 7. goûtons à longs traits les vins précieux; respirons les suaves parfums; ne laissons point passer les fleurs de la saison; 8. couronnons-nous de roses, avant qu'elles se flétrissent; foulons aux pieds les prairies pour y laisser les traces de nos plaisirs; 9. que tous parmi nous les partagent; et signalons partout notre bonheur; car telle est notre destinée, tel est notre héritage. »

« 10. Opprimons le juste malheureux; n'ayons aucun égard pour la veuve; et ne respectons point les cheveux blancs du vieillard; 11. n'ayons d'autre règle que la force; car tout ce qui est faible est inutile. (Rangeons-nous du parti qui réunit le plus de suffrages, fût-il injuste et oppresseur.) 12. Jurons la perte du juste opprimé; il est insupportable, contrarie notre manière de voir, nous reproche la violation de la loi, et élève contre nous les fautes de notre conduite; il prétend avoir la science de Dieu, il se nomme le Fils de Dieu (1) : il s'est fait notre contradicteur;
15. nous l'avons en horreur, parce qu'il ne ressemble à nul autre, et que sa manière de vivre est étrange; 16. il nous considère comme des gens de bas aloi; il fuit notre société comme un mal, et n'estime heureuse que la fin des justes, tout en se glorifiant d'avoir Dieu pour père.
17. Voyons donc s'il dit vrai, nous saurons à la fin si ses

(1) C'est évidemment ici Jésus-Christ en croix, à qui sont adressées les injures de ses ennemis, telles que les rapporte l'Évangile; mais ces paroles peuvent également s'appliquer à un homme de la race bénie, dont il est parlé au chapitre IV.

prédictions s'accomplissent. 18. S'il est véritablement Fils de Dieu), Dieu prendra sa défense et le délivrera de ses ennemis. 19. Éprouvons par les outrages et les tourments et sa douceur et sa patience ; 20. condamnons-le à la mort la plus infâme ; car d'après ses paroles il doit être sauvé.»

21. Des impies se sont égarés dans leurs pensées, parce que leur malice les a aveuglés. Ils n'ont rien compris aux mystères d'un Dieu rémunérateur de la justice, et jaloux de la gloire des saintes âmes. 23. Car le Seigneur a créé l'homme immortel, il l'a fait à son image et à sa ressemblance. 24. Mais la mort est entrée dans le monde par la jalousie de Satan ; 25. et ceux qui se rangent de son parti deviennent ses imitateurs, (cherchant à dégrader l'homme, cette image et ressemblance de Dieu, par les honteuses passions de la volupté) (1).

CHAPITRE III.

RÉCOMPENSE DES BONS, PUNITION DES MÉCHANTS.

1. Mais les âmes des justes, sous la protection de Dieu, n'encourront point la damnation. 2. Aux yeux des insensés ils ont paru mourir et subir l'arrêt de la mort comme une affliction : 3. mais ils sont dans la paix, quoiqu'ils sem-

---

(1) Voici une note du Père Houbigant sur le verset 25, qui montre que la suite du *Livre de la Sagesse* n'est pas bien comprise. « Il observe que les trois versets 23, 24 et 25 semblent peu liés avec ce qui précède, et interrompent la liaison intime de ce qui précède au verset 22, avec le commencement du chapitre suivant, au lieu qu'ils auraient une liaison beaucoup plus naturelle entre la fin du chapitre I et le commencement du chapitre II ; » nous ajoutons : surtout avec le verset 14 du 1er chapitre : *Toutes les créatures étaient saines à leur origine.* Mais nous répondons qu'il était nécessaire de montrer l'abus que l'impiété faisait des créatures surtout par la volupté pour montrer *le mystère que non-seulement les impies, mais la plupart ignorent* (v. 22, ch. II) à savoir que l'homme est l'image et la ressemblance de l'adorable Trinité.

blent séparés de nous par un abîme. 4. Au milieu des souffrances de leur martyre, ils ont conservé l'espérance de l'immortalité, 5. qui leur assure pour quelques supplices une abondante moisson de prospérités. Dieu les a éprouvés, et les a trouvés dignes de lui ; 6. il les a fait passer au creuset des tribulations, pour les recevoir comme des victimes d'agréable odeur. Aussi au dernier jugement 7. les justes brilleront comme les feux qui s'élèvent du milieu des lacs. 8. Ils jugeront les nations, et régneront sur tous les peuples, parce qu'ils partageront le règne éternel de Dieu. 9. Ceux qui mettent leur confiance au Seigneur éprouveront la vérité de ces promesses, et ceux qui vivent dans son amour n'en seront jamais séparés ; parce qu'il étend sa grâce et sa miséricorde sur ses saints et ses élus dans la justice.

10. Mais les méchants seront punis dans les écarts qui leur ont fait négliger la justice et abandonner le Seigneur. 11. Ils se sont préparés bien des maux, en s'éloignant de la Sagesse et de ses saintes règles ; leur espérance est vaine, et leurs travaux sans fruits laissent leurs œuvres sans mérite. 12. Leurs femmes sont frivoles, leurs enfants sont remplies de malice, 13. et leur postérité est maudite.

Plus heureuse est la femme stérile et sans souillure, qui n'a point connu le mal, elle recevra la récompense due aux mérites des saints. 14. Plus heureux encore l'eunuque (volontaire), dont les mains ne connaissent point l'iniquité, et dont l'imagination n'est point troublée de pensées criminelles, il recevra le don parfait, que comprend seule l'âme fidèle, et aura pour partage l'honneur si désirable de servir le Seigneur en son temple. 15. Telle est la gloire des justes dans leurs travaux, (des religieuses et des prêtres), dont la Sagesse ne séchera jamais.

16. Quant aux adultères, leur perte est assurée et celle de leur race criminelle ; 17. lors même qu'ils parviendraient à un âge avancé, ils ne jouiraient d'aucune consi-

dération, et leur vieillesse succomberait sans honneur; 18. que si, au contraire, ils étaient emportés à la fleur de l'âge, leur mort, sans laisser d'espérance, serait aussi sans consolation au dernier jour. 19. Oh ! qu'elle est funeste la fin des nations impies !

CHAPITRE IV.

LE DERNIER ORDRE RELIGIEUX DES PORTE-CROIX.

(Lettres de saint François de Paule.)

(*Corn. à Lapide*, Apoc., ch. 13.)

1. Oh ! qu'elle est chaste, illustre et belle la race qui jouit d'un puissant crédit auprès des hommes et devant Dieu ! 2. Présente, on veut l'imiter, absente, on la recherche ; et elle perpétue son triomphe en soutenant les glorieux combats pour la chasteté.

3. La tourbe des méchants, quelque nombreuse qu'elle soit, ne réussira pas ; elle ne jettera pas de profondes racines, et ne pourra former aucun établissement solide. 4. S'ils parviennent à pousser à la saison quelques rameaux élevés, comme ils n'ont point de position stable, ils seront ébranlés par la tempête et déracinés par l'ouragan ; 5. arrachés du tronc avant le temps, ils ne produiront que des fruits amers, dont on ne pourra tirer parti : 6. et ces enfants, nés du désordre, porteront dans leur frêle constitution la preuve de l'iniquité de leurs pères (1). 7. Le juste vient-il à mourir à la fleur de l'âge, il trouve du rafraîchissement ; 8. car la vieillesse ne se calcule pas par le nombre

(1) Les versets 13, 14 et 15 du chapitre III se réfèrent aux versets 3, 4 et 5 du présent chapitre pour montrer que les multitudes par le suffrage universel ne peuvent prévaloir contre la sainteté des vierges et des prêtres ; de même les versets 16, 17, 18 et 19 du chapitre précédent, se rapportent aux versets 7, 8, 9, 10, 11, 12 et 13 de ce chapitre pour montrer la différence de la mort du juste et de l'impie jeune ou vieux.

des années pour être vénérable, 9. mais par la maturité des
sentiments et par la pureté de la vie. 10. Ce jeune homme,
aimé du Seigneur, a été retiré plein de vie du milieu des
pécheurs ; 11. il a été enlevé, de peur que la séduction ne
changeât ses bons sentiments, et que la fiction n'entraînât
son cœur. 12. Cette fascination qu'engendre la frivolité,
obscurcit le bien, et l'inconstance des passions pervertit
l'âme innocente. 13. Ainsi le peu de jours qu'il a vécu lui
ont fourni une longue carrière. 14. Jetant sur lui des regards de complaisance, Dieu l'a retiré du milieu de l'iniquité ; et le monde n'a pu voir, ni entendre, ni rien comprendre à cette conduite du Seigneur. 15. Sa grâce et sa
miséricorde se répandent sur ses saints et sur ses élus, 16.
en sorte que la mort prématurée du juste condamne la vie
inutilement prolongée de l'impie.

17. C'est pourquoi, en voyant la fin de l'homme sage,
les méchants ne sauraient sonder les desseins de Dieu sur
lui, quand il le préserve des dangers du monde. 18. Ils se
moqueront du juste, mais pour être moqués à leur tour,
19. lorsque le Seigneur les laissera à jamais dans le mépris
et l'ignominie; qu'il les écrasera sous le poids de leur confusion; qu'il les détruira sans espoir; qu'il les réduira à la
dernière désolation pour en perdre la mémoire. 20. Oui,
ils paraîtront pleins d'effroi au souvenir de leurs offenses,
et leurs iniquités se soulèveront contre eux pour les accuser.

CHAPITRE V.

GLOIRE DES JUSTES; IGNOMINIE DES IMPIES.

1. Alors les justes s'élèveront avec une grande assu-
rance contre leurs persécuteurs et leurs détracteurs, 2. qui
seront à leur vue saisis d'une horrible frayeur et dans
l'étonnement de les voir sauvés contre toute attente.

3. Dans leur regret amer, les soupirs et les gémissements de leur cœur, ils se diront les uns aux autres : « Les voilà donc ceux que nous avons méprisés comme le rebut du monde. 4. Insensés que nous étions! leur vie nous paraissait une folie, et leur mort une déception ; 5. et cependant les voilà élevés aux rangs des enfants de Dieu parmi les Saints. 6. Nous nous sommes donc égarés loin de la vérité, la lumière de la justice n'a point lui sur nous, et les rayons du soleil n'ont point éclairé notre intelligence. (Voilà ce que vont dire tous les fauteurs de systèmes, qui essayent de renverser la religion!) 7. Nous nous sommes lassés dans la voie de l'iniquité et de la perdition à travers des déserts impraticables, sans connaître les sentiers du Seigneur.

8. Quel profit avons-nous retiré et de notre orgueil et de la vaine ostentation de nos richesses? 9. Tout a passé comme une ombre, comme un vain bruit; 10. comme le sillage d'un navire à travers les flots, où il ne reste aucune trace de l'empreinte de sa carène; 11. comme le vol d'un oiseau, qui frappe et fend vigoureusement l'air, sans laisser d'autre signe de son passage que le frémissement de ses ailes, qui lui frayent la voie; 12. comme une flèche tirée sur la mire, sans qu'on puisse voir dans l'air, qui s'ouvre et se referme, la preuve de sa vitesse. 13. De même nous, nés à peine, nous cessons d'être, sans laisser aucun signe de vertu, et nous sommes perdus par notre malice. » 14. Voilà ce que diront les pécheurs en enfer; 15. car leur espoir est comme le fétu que le vent emporte, ou comme la blanche écume, que la vague enfante et détruit, comme la fumée qui s'évapore, comme le souvenir d'un voyageur qui passe.

16. Mais les justes vivront éternellement, leur récompense est en Dieu dans le souvenir du Très-Haut; 17. ils recevront donc de la main du Seigneur l'idéal réalisé du bonheur et le diadème de la perfection; c'est Dieu qui les

protégera, Dieu qui les défendra de son bras tout-puissant.

18. Contre les impies, au contraire, Dieu prendra les armes, et se servira des créatures pour se venger de ses ennemis; 19. la justice sera sa cuirasse, l'intégrité de son jugement son casque, 20. son incorruptible équité son bouclier impénétrable. 21. Il aiguisera sa colère inflexible comme une lance, et tout l'univers s'armera pour lui contre les insensés; 22. ses foudres éclatant de la nue iront droit au cœur des pervers, comme une flèche tirée d'un arc fortement bandé, et elles seront intelligentes pour les frapper; 23. la grêle de sa colère sera lancée comme par une machine; les cyclones et les inondations viendront impitoyablement désoler leurs rivages; 24. un terrible ouragan s'élèvera contre eux et les dispersera comme par un tourbillon. Et voilà comment l'iniquité changera la terre en un désert, et comment aussi la perversité renversera les trônes (1).

CHAPITRE VI.

CONSEILS DE SAGESSE AUX ROIS.

1. La Sagesse est donc plus que la force, et la prudence plus que le courage (2). 2. Entendez-le, ô rois, et comprenez; écoutez, vous qui jugez la terre. 3. Prêtez l'oreille, vous tous qui contenez les multitudes, et qui vous plaisez dans l'agglomération des peuples autour de vous. 4. Votre pouvoir relève de Dieu seul, du Très-Haut, dont l'autorité jugera vos œuvres et sondera vos pensées; 5. vous n'en

(1) Tout cela est reproduit par les annonces de sainte Hildegarde (p. 374, 375, n°s 7, 8 et 17, *Système du monde d'après Moïse*), et voilà ce dont nous sommes témoins.

(2) « La force sans conseil n'est plus qu'un poids qui tombe. »
(Epig. du *Scivias*.)

étiez que les ministres, et vous avez mal gouverné, transgressant sa loi, sans vous occuper de sa volonté. 6. Le voilà qui vous apparaît tout à coup formidable avec les châtiments terribles destinés surtout à ceux qui gouvernent. 7. Aux petits la miséricorde, aux puissants la puissance des tourments. 8. Car le Seigneur ne fait acception de personne, et ne respectera pas la dignité de tel ou tel, puisqu'il est le créateur et le conservateur des petits et des grands; 9. mais aux grands sont réservés de grands supplices.

10. C'est donc à vous, ô potentats, que j'adresse ces discours, afin que vous appreniez la Sagesse, de peur de tomber. 11. Car ceux qui auront accompli consciencieusement leurs devoirs seront traités comme justes, et ces enseignements seront pour eux une sauvegarde. 12. Recherchez-les donc avec soin, aimez-les, vous y trouverez une règle sûre pour vous guider. 13. La Sagesse est une lumière indéfectible, qui éclate aux yeux de ceux qui l'aiment, et que saisissent facilement ceux qui s'y appliquent. 14. Elle prévient ceux qui la désirent, et se montre à eux la première. 15. Celui qui veille dès le matin pour elle n'aura pas de peine à la posséder, parce qu'il la trouvera assise à sa porte. 16. Il fait preuve d'une rare prudence celui qui y porte sa pensée, car cette vigilance fait sa sécurité. 17. La Sagesse se met à la recherche de ceux qu'elle trouve dignes d'elle; elle se présente avec allégresse sur leur passage, et les entoure des soins de sa Providence. 18. Elle commence par se faire désirer dans l'ordre, puis l'ordre attire l'amour; 19. l'amour engendre la délicatesse de conscience; l'observation des lois affermit la pureté de l'âme, 20. et la pureté du cœur unit à Dieu. 21. Le désir de la Sagesse conduit par conséquent au royaume éternel. 22. Vous donc qui désirez les sceptres et les couronnes, rois de la terre, aimez la Sagesse pour régner à jamais. 23. Recherchez la lumière de la Sagesse, vous tous qui présidez au sort des nations.

24. Je dirai maintenant ce que c'est que la Sagesse, et quelle a été son origine. Je ne cacherai point les secrets du Seigneur, je remonterai au commencement de sa naissance, je la produirai au grand jour, sans cacher aucun trait de la vérité. 20. Je ne serai point jaloux de garder ses secrets, car ce serait manquer de Sagesse; 26. plus il y a de sages, plus le salut du monde se prépare, et le roi prudent est le soutien de son peuple. 27. Comprenez donc mes instructions, car elles vous seront profitables (1).

CHAPITRE VII.

1° QU'EST-CE QUE LA SAGESSE? SON ORIGINE.

1. Je suis moi-même un homme mortel, sorti comme les autres de la race de celui qui le premier fut formé du limon de la terre. J'ai été conçu dans le sein de ma mère, 2. pendant dix mois embrion composé de sang et d'eau dans le repos du sommeil. 3. Je suis né et j'ai respiré l'air, et j'ai habité la terre comme tous les autres, sujet aux larmes dès les premiers moments de ma naissance. 4. On m'a enveloppé de langes, entouré de soins infinis. 5. Et tel est aussi le sort des rois, qui n'ont pas eu d'autre commencement; 6. car il n'y a pour tous les hommes qu'une même manière d'entrer dans la vie et d'en sortir.

7. C'est pourquoi j'ai désiré l'intelligence, et elle m'a été donnée, et l'esprit de Sagesse s'est répandu sur moi. 8. Je l'ai préférée aux sceptres et aux couronnes, et j'ai compris que les richesses ne sont rien au prix d'elle : 9. les pierres précieuses, tout l'or du monde n'est à côté qu'un

(1) Le texte du verset 20, chapitre VIII. *Cùm essem magis bonus, veni ad corpus incoinquiaotum*, appelle des difficultés relativement au péché originel, que nous nous sentons incapables de résoudre. Les 22e et 23e Questions à sainte Hildegarde et ses réponses se rapportent à ces difficultés.

peu de sable; l'argent ne sera regardé que comme de la boue. 10. Je l'ai préférée à la santé et à la beauté; et j'ai pris pour me guider son inaltérable flambeau. 11. Tous les biens me sont venus avec elle, et une gloire incomparable. 12. Aussi ma joie a été parfaite de voir qu'elle me dirigeait, lors même que j'ignorais qu'elle était la mère de toute prospérité. 13. L'ayant appréciée dans ma simplicité, je l'ai fait connaître aux autres sans envie, et je n'ai pas caché ses merveilles; 14. car elle est un trésor pour les hommes qui la cultivent; ils sont devenus les amis de Dieu, et recommandables par une science profonde.

15. Le Seigneur m'a doué d'une élocution pleine de sens, et digne des dons que j'avais reçus; car il est lui-même le guide de la Sagesse; et c'est lui qui redresse les sages. 16. Nous sommes dans sa main nous et nos discours avec tous nos jugements, notre prudence et notre conduite. 17. C'est lui qui a donné la véritable science de ce qui est; qui m'a fait connaître l'ordre de l'univers, la force des éléments, 18. le commencement, la fin, le milieu des temps, le changement des astres, et les perturbations qu'il a causées pour calculer les temps; 19. il m'a montré le cours de l'année, et les diverses positions des étoiles; 20. il m'a fait voir la nature des animaux, leur instinct, le souffle des vents, la variété des plantes et la séve des racines. 21. J'ai approfondi tout ce qui était caché; j'ai fait des découvertes, parce que la Sagesse, qui a tout créé, me l'a enseigné. 22. C'est un esprit d'intelligence, saint, unique, se multipliant, habile, éloquent, agile, sans tache, plein de certitude et de suavité, ami du bien, pénétrant, libre, bienfaisant, 23. amoureux des hommes, bon, stable, infaillible, calme, qui peut tout, qui voit tout, qui renferme en soi tous les esprits, accessible à tous, pur et subtil. 24. La Sagesse est plus vive que toute vitesse, et elle atteint tout par sa modestie. 25. Elle est le souffle de la vertu de Dieu, l'effusion toute pure de la clarté du Tout-Puissant; aussi

ne peut-elle contracter aucune souillure. 26. Elle est l'éclat de la lumière éternelle, le miroir sans tache de la majesté de Dieu, et l'image de sa bonté. 27. Etant unique, elle peut tout; elle se répand parmi les nations dans les âmes saintes; elle suscite les amis de Dieu et les prophètes; 28. car personne ne peut plaire à Dieu, s'il n'a la Sagesse en partage. 29. Plus belle que le soleil, plus élevée que les étoiles, elle est plus brillante que la lumière, 30. à laquelle succède la nuit, mais la Sagesse n'est point éclipsée par la malice (1).

CHAPITRE VIII.

PUISSANCE DE LA SAGESSE.

1. La Sagesse atteint donc d'une extrémité à l'autre avec force, et dispose tout avec douceur. 2. Je l'ai aimée, je l'ai recherchée dès ma jeunesse, j'ai voulu l'avoir pour épouse, et j'ai été épris de sa beauté, 3. et de la noblesse de son origine. N'est-elle pas la demeure du Tout-Puissant? n'en est-elle pas aimée? 4. Elle enseigne la science de Dieu, elle en manifeste les œuvres. 5. Veut-on être riche? qu'y a-t-il de plus riche que la Sagesse, qui opère tout en toutes choses? 6. A-t-on du goût pour les arts? qui plus qu'elle s'est distingué dans l'art de coordonner les choses de ce monde? 7. A-t-on du zèle pour les vertus morales? elle les porte au plus haut degré, enseignant la tempérance, la prudence, la justice et la force, dont les précieux avantages

---

(1) Il est évident que la Sagesse, par ce tableau, est personnifiée en Marie, à qui l'Église applique le verset 26, et l'on peut dire que ce tableau ne convient qu'à Marie : *elle est l'unique, elle peut tout;* elle a seule la véritable science de cet univers, elle seule connaît *la force des éléments*, 18, *le commencement, la fin, le milieu des temps*, les secrets de l'Apocalypse, *le changement des astres* opéré par les miracles de la Bible, lequel a changé les calendriers, en changeant, 19, *le cours de l'année.*

dans la vie sont incontestables (1). S'agit-il d'approfondir les sciences? elle voit le passé et juge de l'avenir; elle pénètre le sens des discours les plus adroits, et donne la signification des paraboles les plus obscures; elle connaît les signes et les prodiges avant qu'ils paraissent, et ce qui doit arriver dans la suite des temps et des siècles.

9. J'ai donc résolu de la prendre pour compagne de ma vie, sachant qu'elle me fera part de ses biens, et que sa conversation dissipera mes peines et mes ennuis. 10. Elle relèvera ma gloire parmi les peuples, et les vieillards respecteront ma jeunesse. 11. On reconnaîtra la pénétration de mon esprit dans mes jugements, j'attirerai l'admiration des grands de la terre, et fixerai l'attention des potentats. 12. Si je me tais, on attendra que je parle pour m'écouter, et dissertant sur des sujets très-étendus, je verrai chacun poser son doigt sur ses lèvres. 13. C'est elle qui me donnera l'immortalité; par elle je rendrai dans la suite la mémoire de mon nom éternelle; 14. par elle je gouvernerai les peuples, et les nations me seront soumises. 15. Les rois les plus redoutables me craindront au seul bruit de ma présence, et je prouverai aux multitudes que si je suis bon, je suis vaillant dans la guerre. 16. Entrant dans ma maison, je trouverai mon repos dans la Sagesse ; car sa conversation toujours intéressante n'engendre pas l'ennui, mais procure la joie et le bonheur.

17. Voilà le sujet de mes réflexions et de mes méditations au fond de mon cœur, considérant que je trouverais

---

(1) Il était nécessaire de faire entrer les quatre vertus cardinales dans le cadre de la vie spirituelle; et c'est ce que seul nous avons fait en la deuxième partie du livre intitulé : *la Perfection chrétienne d'après l'Imitation de Jésus-Christ*, fournissant ainsi les moyens d'exercer la charité envers le prochain. La troisième partie s'occupe de l'amour envers Dieu par l'exercice des trois vertus théologales : la Foi, l'Espérance et la Charité. Et la première partie nous fait surmonter nos passions : devoirs envers nous-mêmes; car il faut ôter la poutre de notre œil avant de chercher à ôter la paille de l'œil du prochain.

l'immortalité dans l'union avec la Sagesse, 18. un saint plaisir dans son amitié, des richesses inépuisables dans les ouvrages de ses mains, l'intelligence dans ses entretiens, et une grande gloire dans les révélations de ses discours. Je la cherchais donc de tous côtés, afin de la prendre pour compagne. 19. J'étais un enfant bien né, et j'avais reçu de Dieu d'heureuses dispositions; 20. et devenant toujours meilleur, je suis uni à un corps qui n'était point souillé. (1).

21. Or comme je savais que je ne pouvais vivre dans la continence, si Dieu ne me la donnait, (et c'était déjà un effet de la Sagesse de savoir de qui je devais recevoir ce don), je m'adressai au Seigneur pour le prier et le supplier du fond de mon cœur.

---

(1) C'est Marie Immaculée, l'âme de Marie toute pure qui est venue se joindre à un corps non souillé dans le sein de la bienheureuse Anne, sa mère; et cela par une réserve spéciale et un privilége tout à fait unique et personnel à Marie : c'est maintenant un dogme de Foi. Mais comment saint Joachim et sainte Anne ont-ils pu mériter une aussi singulière faveur? Élie, Éliachim ou Joachim comptait dans sa généalogie, selon saint Luc, des martyrs et des prophètes, et il était saint, et sa digne épouse était sainte comme lui. L'aînée de ses deux filles, Marie qui avait épousé Cléophas ou Alphée a donné naissance à quatre fils, dont trois apôtres et un juste : Jacques, Jude et Simon, le premier et le troisième évêques de Jérusalem, et José ou Barsabas, surnommé le Juste, fils d'Abbé ou Lebbé, ou Alphée, ou Cléophas, mis en parallèle avec saint Mathias pour l'apostolat, et depuis compagnon de saint Paul sous le nom de Barnabé ou Barsabé; *Bar* fils, *Abbé* d'Alphée, comme Jacques ainsi dénommé aux Actes des Apôtres (15-22), comme Jude, ou Barsabas (Moréri au mot *Jude*). La seconde fille d'Élie ou Éliachim ou Joachim est Marie immaculée, la plus pure des vierges, et mère de Dieu. C'est elle qui a été préservée de la tache du péché originel dès le premier instant de sa conception. C'est cette enfant, désignée aux versets 1, 2, 3 et 4 du chapitre VII *de la Sagesse*, qui est venue à un corps sans souillure, verset 20 du chapitre VIII, même livre. Ainsi depuis David sa race est particulièrement bénie, puisqu'on y rencontre des prophètes, des grands prêtres, des martyrs sous les Machabées Et toute la famille de saint Joachim et de sainte Anne a été sainte et a formé des saints. Mais le plus beau fleuron de cette couronne de patriarches, c'est Marie immaculée, la plus pure des vierges et mère de Dieu.

DEUXIÈME PARTIE.

CHAPITRE IX.

PRIÈRE AFIN DE DEMANDER LA SAGESSE.

1. Dieu de mes pères, Dieu de miséricorde, qui avez tout créé par votre parole, 2 et qui dans votre sagesse avez formé l'homme pour dominer toutes les créatures que vous avez faites, 3. afin qu'il en fut le gouverneur équitable et juste, et le juge impartial et intègre, 4. donnez-moi cette Sagesse, qui siège auprès de vous, et ne me rejetez pas du nombre de vos enfants: 5. car je suis votre serviteur et le fils de votre servante, être délicat, d'une frèle existence, et peu versé dans la connaissance des lois et de la jurisprudence. 6. Lors même qu'un homme serait élevé en dignité, si votre sagesse ne l'éclaire, il sera bientôt méprisé.

7, Vous m'avez donc choisi pour être le roi de votre peuple, et le juge de vos fils et de vos filles. 8. Vous m'avez ordonné de bâtir un temple sur votre montagne sainte, et de vous dresser un autel dans la cité que vous daignez habiter, et cela sur le modèle du tabernacle saint, que vous avez préparé dès l'origine. 9. Oui, cette Sagesse, qui connaît vos ouvrages, qui assistait à la création de l'univers, qui savait ce qui vous était agréable et toute la rectitude de vos préceptes, (cette sagesse, qui se personnifie en Marie immaculée, dont l'âme se jouait parmi les œuvres de votre puissance) (Prov. VIII, 22 et 31), 10. envoyez-la moi du haut du ciel, votre sanctuaire, afin qu'elle m'assiste et travaille avec moi, et que je connaisse ce qui peut vous plaire; 11. car elle a la clef de la science sur toutes choses; elle me conduira dans toutes mes œuvres avec circonspection, et me protégera par sa puissance. 11. Alors mes actes, revêtus de votre sanction dirigeront votre peuple dans la justice, et je serai digne d'occuper le trône de mon père.

13. Qui parmi les mortels pourra connaître les desseins de Dieu, ou pénétrer ses volontés? 14. Les pensées des hommes sont incertaines, et leur prévoyance est bornée. 15. Le corps qui se corrompt appesantit l'âme, et cette demeure terrestre abat l'esprit par les distractions de cette vie fragile. 16. Nous ne comprenons que difficilement ce qui se passe sur la terre, nous avons peine à discerner les choses qui sont à notre portée, comment découvrir ce qui se passe au ciel? 17. Qui pourra donc pénétrer vos secrets, si vous ne donnez la Sagesse, si vous n'envoyez du plus haut des cieux votre Esprit saint, 18. afin qu'il redresse les voies de ceux qui habitent la terre, et qu'ils apprennent ce qui vous est agréable? 19. C'est, en effet, Seigneur, votre Sagesse qui a guéri tous ceux qui dans la suite des siècles ont eu la grâce de vous plaire (1).

TROISIÈME PARTIE

PROPHÉTIQUE.

CHAPITRE X.

LE JUSTE DES DERNIERS TEMPS SOUS LES FIGURES D'ADAM, ABEL, NOÉ, ABRAHAM, LOT, JACOB, JOSEPH ET MOÏSE.

(Citadelle de sainte Hildegarde, 3e partie du *Scirias*.)

1. C'est la Sagesse qui conserva celui que Dieu avait formé le premier pour être le père du genre humain, ayant

---

(1) Ce dernier alinéa fait transition de ce qui précède à la partie prophétique où sous la figure des anciens patriarches sont représentées les merveilles qui ramèneront à la fin toute la nation juive aux vérités de la Foi en Jésus-Christ.

d'abord été créé seul [mais étant tombé par les conseils de celle qui lui avait été donnée pour compagne]; 2. la Sagesse le releva de son péché, et lui donna la force de tout raffermir dans le bien. 3. Le fratricide ne voulut point écouter cette Sagesse, et se laissa emporter dans sa colère aux fureurs de la jalousie; 4. [c'est pourquoi sa race ayant perverti toute chair,] que détruisirent les eaux du déluge, la Sagesse sauva le juste, le dirigeant dans le travail méprisable de l'arche. 5. Les nations s'étant ralliées pour commettre l'iniquité, la Sagesse discerna le juste, le conserva irrépréhensible devant Dieu, et le rendit d'un courage héroïque pour vaincre la tendresse qu'il avait pour son fils. 6. C'est la Sagesse qui délivra le juste dans sa fuite, lorsque le feu du ciel consuma la Pentapole, 7. dont la corruption est marquée par cette terre qui fume encore; cette terre déserte et aride, où les fruits n'arrivent point à leur maturité, où se dresse une statue de sel en mémoire d'une âme incrédule; 8. car ceux qui ont mis de côté la Sagesse se sont perdus, non-seulement parce qu'ils se sont privés de tous les biens, mais encore parce qu'ils ont laissé des traces de leur chute aux lieux mêmes où ils avaient péché. 9. Au contraire, la Sagesse a délivré de leurs maux ceux qui ont pris soin de la rechercher.

10. C'est elle qui a dirigé dans ses voies le juste, qui fuyait la colère de son frère; elle lui montra le règne de Dieu, et lui donna la science des saints; elle l'a enrichi dans ses travaux, et lui en a fait recueillir les fruits. 11. Elle l'a assisté contre la fraude de ceux qui cherchaient à le surprendre, de manière à la faire tourner à son avantage. 12. Elle l'a protégé contre ses ennemis, l'a défendu contre les séducteurs, et l'a engagé dans un rude combat pour l'en faire sortir vainqueur et lui apprendre que la Sagesse est ce qu'il y a de plus puissant au monde.

13. C'est elle qui n'a pas abandonné le juste, lorsqu'il fut vendu; elle qui l'a délivré de la main des pécheurs,

qui l'a accompagné dans sa prison, 14. et ne l'a point quitté dans ses chaînes, jusqu'à ce qu'elle lui eut remis le sceptre du royaume, et qu'elle l'eût rendu le maître de ceux qui l'avaient déshonoré, elle a convaincu de mensonge ceux qui l'avaient calomnié, et lui a donné un nom éternel.

15. C'est aussi la Sagesse qui a délivré le peuple saint de la nation qui l'opprimait. 16. Elle se communiqua au serviteur de Dieu pour rendre par des signes et des prodiges son âme inflexible contre des rois cruels. 17. Elle rendit aux justes le salaire de leurs travaux, et elle les conduisit par des voies miraculeuses : elle leur a produit un ombrage contre les ardeurs du jour, et a remplacé pour eux la lumière des étoiles pendant les ténèbres de la nuit; 18. elle leur a fait traverser la mer Rouge, les dirigeant au travers des eaux profondes, 19. où ont été engloutis leurs ennemis, tandis qu'elle les a retirés du fond des abîmes pour leur faire partager les dépouilles de leurs persécuteurs. 20. Alors ils ont chanté votre saint Nom, Seigneur, et ils ont unanimement célébré la grandeur de votre victoire; 21. parce que la Sagesse a ouvert la bouche des muets, et qu'elle a rendu éloquentes les langues des enfants à la mamelle.

CHAPITRE XI.

LE PEUPLE DE DIEU.

1. C'est la Sagesse qui les a conduits heureusement dans toutes leurs œuvres par le saint prophète, 2. elle qui leur a fait traverser les déserts, où ils ont dressé leurs tentes. 2. Ils ont résisté à leurs ennemis et en ont tiré vengeance. 4. Pressés par la soif, ils ont invoqué le Seigneur, et l'eau a jailli du haut d'un rocher: elle est sortie de la pierre la plus dure; 5. en sorte que leurs ennemis, privés d'eau, étaient punis en même temps que les Israélites se réjouissaient

dans cette abondance, 6. que Dieu leur répandait en cette extrémité; 7. tandis que les méchants voyaient changées en sang humain les eaux d'un fleuve intarissable. 8. Aussi le peuple Israélite, décimé par l'exposition de ses enfants, vit sourdre inopinément en abondance des eaux vives, 9. Dieu leur montrant par cette soif passagère comment il relève ceux qui lui appartiennent, et fait périr ceux qui lui sont opposés. 10. Ce peuple a pu faire la comparaison de ce qu'est l'épreuve avec la miséricorde de Dieu et le châtiment dans sa colère : 11. celui-là Dieu l'a voulu avertir paternellement par des afflictions; ceux-ci, il les a condamnés comme le ferait un roi d'une sévérité inexorable.

12. L'absence ou la présence de ce peuple tourmentait également ses ennemis. 13. Le souvenir du passé était pour eux un sujet de peines et de gémissements, 14. lorsqu'ils considéraient que leurs tourments avaient été la cause de leur prospérité. Ils commencèrent alors à revenir au Seigneur, en voyant les événements s'accomplir; 15. ils admirèrent enfin celui-là même qui avait été le sujet de leurs railleries dans cette cruelle exposition, en comparant la soif qui les consumait avec celle des justes que le Seigneur avait étanchée.

16. Et, parce que vous avez voulu punir les pensées extravagantes de l'iniquité de ces peuples, et les erreurs de quelques-uns qui adoraient des reptiles sans raison et des bêtes méprisables, vous avez envoyé contre eux une multitude d'animaux sans raison pour les châtier, 17. et leur faire comprendre que chacun est puni par où il a péché. 18. Car il n'était pas difficile à votre toute-puissance, qui a tiré le monde d'une matière informe, d'envoyer contre eux une quantité d'ours ou de lions terribles 19. ou des bêtes d'une espèce étrange, animés d'une fureur toute nouvelle, jetant les flammes par les narines, répandant une vapeur noire, lançant de leurs yeux des étincelles de feu, 20. et dont non-seulement la morsure pouvait donner la

mort, mais la vue même faire mourir de frayeur (1). 21. Toutefois vous eussiez pu sans ce formidable appareil les exterminer par une vapeur légère, et le souvenir de leurs méfaits les aurait dispersés au souffle de votre colère.

Mais vous règlez toutes choses avec nombre, poids et mesure (2). 22. C'est à vous seul, Seigneur, qu'appartient la puissance. Qui pourra résister à la force de votre bras? 23. L'univers est devant vous comme le petit poids qui fait pencher la balance, ou comme la goutte de rosée qui tombe sur la terre avant l'aurore. 24. Mais vous prenez pitié de l'homme, parce que vous pouvez tout, et vous dissimulez ses péchés, afin qu'il fasse pénitence. 25. Vous aimez tout ce qui respire, et vous ne pouvez haïr votre créature, laquelle dans le principe ne pouvait avoir rien de défectueux; autrement vous ne l'auriez point créée. 26. Qui pourrait subsister, si vous ne l'aviez voulu? Qui pourrait se conserver sans votre ordre? 27. Mais vous êtes indulgent envers tous, parce que tout vous appartient, et que vous aimez les âmes (3).

---

(1) On n'a jamais rien vu de pareil, et rien de semblable n'est écrit sur les plaies de l'Egypte; mais la même chose est dite des sauterelles dans l'Apocalypse (Apoc. IX, 1-11). Tout cela a donc un sens prophétique, dont on ne verra qu'à la fin l'accomplissement.

(2) C'est la 26e Question à laquelle répond sainte Hildegarde; mais la 27e Question énonce cette pensée conforme aux derniers versets, 19e chapitre du *Livre de la Sagesse*, à savoir : « Que la voix des éléments » même dans leur désordre apparent « retentit de louanges par un merveilleux concert, comme les accords harmonieux de la voix intelligente de l'homme, qui font le charme de la vie. »

(3) Si donc les éléments paraissent se dissoudre, c'est afin de proclamer votre toute puissance comme un merveilleux concert, puisque vous préférez l'ordre moral à l'ordre physique. Voilà encore comment la traduction et l'interprétation des Réponses de sainte Hildegarde nous donnent l'explication du *Livre de la Sagesse*.

CHAPITRE XII.

DIEU EN PUNISSANT LES PÉCHEURS, LEUR DONNE LE TEMPS DE FAIRE PÉNITENCE.

(Je pourrai donc m'écrier) : 1. Oh ! qu'il est doux et suave en toutes choses votre esprit, Seigneur ! 2. car vous frappez de châtiments partiels ceux qui s'égarent. et vous les avertissez et les reprenez de leurs fautes, afin qu'évitant le mal ils croient en vous, Seigneur.

3. Vous aviez en horreur ces habitants de la terre sainte parce qu'ils faisaient des œuvres détestables par leurs enchantements et des sacrifices impies. 5. Ils immolaient sans compassion leurs propres enfants ; ils se nourrissaient de mets horribles, s'abreuvaient de sang au milieu de leurs mystères abominables : 6. tout à la fois les auteurs et les parricides de ces âmes cruellement abandonnées. 7. Aussi avez vous décrété qu'ils seraient exterminés par les mains de nos pères, afin que cette terre privilégiée fut le digne héritage des enfants de Dieu.

8. Mais vous avez même épargné ces méchants, parce qu'ils étaient hommes, et vous leur avez envoyé des guèpes, comme les avants-coureurs de votre armée, afin que leur perte ne fut que partielle. 9. Ce n'est pas que vous n'eussiez la puissance de soumettre par la guerre les impies aux justes, ou de les faire périr tout d'un coup par des bêtes cruelles ou par la rigueur d'une seule de vos paroles (ch. XI, v. 18-21) ; 10. Mais n'exerçant sur eux vos jugements que par degrés, vous leur donniez lieu de faire pénitence, quoique vous prévissiez que cette nation perverse et d'une nature intraitable ne dut point changer de sentiments ; 11. car c'était une race maudite dès l'origine (Chanaan). Ce n'était pas non plus par crainte que vous les épargniez dans leurs péchés. 12. Qui pourrait vous demander compte

de vos actes, ou s'élever contre vos jugements, prendre devant vous la défense des hommes pervers, ou vous accuser d'avoir anéanti des nations que vous avez créées ? 13. Y a-t-il quelque puissance au monde après vous, si bon père envers les hommes, qui puisse arguer vos jugements d'injustice ? 14. Fut-ce un roi, fut-ce même un tyran, il ne pourra vous redemander ceux que vous aurez fait périr (1).

15. Mais vous êtes juste, vous gouvernez tout avec sagesse, et vous regardez comme indigne de votre puissance de punir celui qui ne le mérite pas. 16. Votre puissance est la source de toute justice ; et vous êtes indulgent envers tous, parce que vous êtes le Seigneur de tous. 17. Vous faites éclater votre puissance contre ceux qui ne vous croient pas souverainement puissant, et vous confondez l'audace de ceux qui refusent de vous reconnaître. 18. Mais, comme vous êtes le Dominateur suprême, vous êtes lent à punir, et vous nous traitez avec une grande indulgence ; puisqu'il vous sera toujours facile de punir, quand bon vous semblera.

19. Tels sont les enseignements, que vous avez donnés à votre peuple, pour lui apprendre qu'il faut être juste et humain, laissant ainsi, au milieu des châtiments, à vos enfants, l'heureux espoir de faire pénitence de leurs péchés ; 20. car, si en punissant les ennemis de vos serviteurs qui avaient si justement mérité la mort, vous l'avez fait avec tant de ménagement, leur donnant le temps de se convertir, 21. avec combien plus de circonspection avez-vous châtié vos enfants, dont les pères avaient reçu les promesses et de grands biens ? 22. Tout en nous corrigeant, vous avez sévi contre nos ennemis en plusieurs manières, pour nous faire

(1) Ainsi tombe l'objection des philosophes modernes, qui taxent sans cesse dans leurs écrits d'injustice et de cruauté les spoliations permises au peuple de Dieu.

connaître votre bonté, et espérer en votre miséricorde au milieu même de nos afflictions.

23. D'un autre côté, ceux qui ont vécu dans le vice et l'injustice trouvent leur châtiment dans les choses qu'ils ont adorées ; 24. Car ils s'étaient égarés longtemps dans la voie de l'erreur, prenant pour des dieux les plus vils des animaux. C'était vivre en enfant ; 25. aussi, vous êtes-vous joué d'eux, en les fustigeant comme des enfants. 26. Et ceux qui ne se sont pas amendés sur ces corrections d'enfants, ont subi un châtiment digne de Dieu. 27. Alors, ayant la douleur de se voir tourmentés par les choses mêmes qu'ils prenaient pour des dieux, et d'être les victimes de ce culte insensé, ils reconnurent le Dieu véritable, qu'ils ne voulaient pas adorer autrefois ; mais c'était pour entendre leur dernière condamnation.

CHAPITRE XIII.

L'IDOLATRIE.

1. Ainsi tous les hommes qui n'ont point la connaissance de Dieu ne sont que vanité ; ils n'ont pu comprendre par les merveilles de la nature celui qui en est l'auteur ; et, remarquant en détail chacune de ses œuvres, ils ne se sont point reportés vers lui ; 2. mais ils se sont imaginés que le feu, le vent, l'air le plus subtil, la multitude des étoiles, l'abîme des eaux, le soleil, la lune étaient des dieux qui gouvernaient le monde. 3, S'ils les ont cru des dieux, parce qu'ils étaient charmés de leur beauté, qu'ils sachent que le Maître de toutes ces choses est encore plus admirable, lui qui a revêtu de cette beauté toutes ses créatures. 4. Si c'est la force dont ils ont vu les effets qui les frappe, qu'ils reconnaissent que celui qui les a faites est encore plus puissant ; 5. car la grandeur et la

beauté des créatures rend sensible à tous l'existence d'un Créateur (1).

6. Encore ces gens sont-ils plus pardonnables que d'autres, puisque c'est en cherchant Dieu et en s'efforçant de le trouver qu'ils sont tombés dans l'erreur; 7. ils le cherchent en vivant au milieu de ses ouvrages; et ils sont emportés par la beauté des choses qu'ils y voient: 8. ce qui ne les rend pas excusables, 9. puisqu'ils ont eu assez de lumière pour connaître par l'ordre qui règne dans cet univers le suprême Ordonnateur de toutes choses. 10. Mais ils sont doublement malheureux et confondus dans leur espérance ceux qui ont appelé dieux les ouvrages de la main des hommes : l'or, l'argent, les inventions de l'art appliquées à des figures d'animaux, que sais-je, une pierre inutile, une antiquité. 11. Un ouvrier habile va couper dans la forêt un arbre bien droit, il en ôte adroitement l'écorce, et, se servant de son art, il en fait quelque meuble utile pour l'usage de la vie : 12. il se sert du reste du bois pour préparer sa nourriture; 13. puis le reste, qui n'est bon à rien, un bois tortu, noueux, il le taille avec soin à ses moments perdus, il lui donne une figure par la science de son art, et il en fait l'image d'un homme, 14. ou la représentation de quelque vil animal, le frottant avec du vermillon, il le peint en rouge, il en ôte avec soin les taches et les défauts, 15. ensuite, il fait à sa statue une place convenable, il la pose dans une muraille et l'assujettit avec du fer, 16. de peur qu'elle ne tombe, sachant bien que cette précaution est nécessaire pour un objet inerte; car ce n'est qu'une statue, laquelle a besoin d'un secours étranger; 17. il lui fait ensuite des vœux, il l'implore pour ses biens, pour ses enfants, pour un mariage, et il ne rougit pas de s'adresser à un corps sans âme; 18. il prie pour sa

(1) Combien de philosophes de notre temps pourraient se reconnaître à ce saisissant tableau. La science expérimentale doit avoir ses limites.

santé ce qui est fragile ; il demande la vie à la mort, et il appelle à son secours la faiblesse même ; 19. pour faire un heureux voyage, il s'adresse à celui qui ne peut marcher ; et dans toutes ses entreprises, ses acquisitions, ses desseins, il demande le succès à celui qui est complétement inutile.

CHAPITRE XIV

ORIGINE ET RUINE DE L'IDOLATRIE.

1. Un autre ayant entrepris un voyage sur mer, et se confiant aux flots agités sur un frêle esquif, invoque un bois plus fragile que celui qui le porte ; 2. car l'appas du gain dans le commerce a produit l'art de construire des vaisseaux ; et cet homme a fait avec adresse un navire. 3. Mais c'est votre Providence paternelle, qui le gouverne, Seigneur, lui frayant un passage à travers les flots comme une route facile, 4. pour faire voir que vous pouvez sauver de tous les périls, quand même on s'exposerait sur mer sans le secours d'aucun art ; 5. en cela vous montrez aussi l'œuvre de votre puissance en créant les mers, et vous avez permis que l'homme osat se confier à une petite planche, pour y trouver un passage et son salut. Aussi dès l'origine, lorsque vous fîtes périr les géans superbes, le dernier espoir de l'humanité se réfugia sur un vaisseau, et gouvernée par votre main, cette arche conserva la race humaine.

7. Il est donc béni le bois qui sert à pratiquer la justice. 8. Mais celui qui sert à fabriquer une idole est maudit comme celui qui l'a faite : l'auteur, parcequ'il l'a faite, le bois, parce que, tout fragile qu'il est, on le nomme dieu. 9. Autant est à exécrer l'impie et son impiété, 10. autant l'ouvrier et l'idole. 11. C'est pourquoi les idoles des nations ne seront point épargnées, parce que les créatures sont devenues un objet d'abomination aux yeux du Créateur,

une pierre de scandale aux âmes et un filet où les pieds des insensés se sont pris. 12. L'idolâtrie a commencé par la prostitution, et la dépravation des mœurs a été la suite de leur invention. 13. Elle n'a pas commencé avec le monde, elle n'ira pas jusqu'à la fin : 14 née de la vanité, elle sera tout-à-coup détruite.

15. Un père, affligé de la mort prématurée de son fils, fit faire l'image de celui qui lui avait été sitôt ravi, et il se mit à adorer comme dieu celui qui venait de payer le tribut à sa condition mortelle ; et lui établit parmi ses serviteurs un culte et des sacrifices. 16. Cette coutume criminelle, prenant du crédit dans la suite des temps, l'erreur fut observée comme une loi, et les idoles furent adorées par le commandement des princes. 17. Des flatteurs, qui ne pouvaient honorer leurs rois absents, firent venir leur portrait, et ils proposèrent à la multitude l'image du roi, à qui ils voulaient rendre honneur, pour le révérer ainsi comme présent avec une soumission religieuse. 18, Le talent merveilleux des sculpteurs vint encore augmenter ce culte dans l'esprit des ignorants. 19. Car l'artiste voulant complaire à celui qui l'employait, épuisa les ressources de son art pour faire une figure complètement achevée, 20. et la multitude, séduite par la beauté de l'ouvrage, se mit à considérer comme un dieu celui qu'un moment auparavant elle honorait comme un homme. 21. Telle a été l'origine de ce travers de l'humanité : pour satisfaire leur affection particulière ou flatter les rois, ils ont donné à des pierres et à du bois le Nom incommunicable.

22. Mais il ne leur a pas suffi de se tromper touchant la connaissance du vrai Dieu ; ils ont dans leur ignorance décoré du nom de la paix les maux si grands et en si grand nombre d'une guerre intestine. 23. Car ou ils immolaient leurs propres enfants, ou ils se livraient à des mystères abominables, ou ils passaient les nuits entières dans de détestables orgies. 24. De là vient qu'ils ne respectent plus

les mœurs ni dans leur conduite ni dans le mariage : l'un tue l'autre par envie, ou l'outrage par l'adultère. 25. Tout est dans la confusion : le sang, le meurtre, le larcin, la fraude, la corruption, l'infidélité, la révolte, le parjure, le trouble des gens de bien, 26. l'oubli de Dieu, le scandale, des désordres contre nature, l'inconstance dans le mariage, les dissolutions de l'adultère et de l'impudicité ; 27. car le culte abominable des idoles est la cause, le principe et le but de tout le mal. (1).

28. Ils s'abandonnent aux plaisirs avec fureur ; ils se livrent à la divination ; ils vivent dans l'injustice ; ils se parjurent sans scrupule ; 29. puisque des idoles sans âme ne peuvent avoir aucune sanction morale. 30. Mais ils éprouveront un double châtiment : d'abord pour mettre des idoles à la place de Dieu ; ensuite pour ne pas craindre de blesser la justice par leur perfidie. 31. Car ce n'est pas la puissance par qui l'on jure, mais la justice armée contre les pécheurs qui punit toujours l'infidélité des pervers.

CHAPITRE XV.

VANITÉ DES IDOLES.

1. Mais vous, ô Seigneur notre Dieu, vous êtes la bonté et la vérité même, vous êtes patient, et vous gouvernez tout avec miséricorde. 2. Si nous avions le malheur de tomber dans le péché, nous serions encore à vous, en reconnaissant votre grandeur, et si nous nous conservons

---

(1) Les mêmes causes amènent les mêmes effets : de nos jours on voit une dépravation de mœurs pareille à celle qui est ici dépeinte, si elle ne la dépasse pas. L'idolâtrie, il est vrai, n'apparait pas ; mais si l'on n'immole pas ses enfants au dieu Moloch, combien n'y a-t-il pas de fornicateurs ? La négation ou l'indifférence en matière de religion, ce qui est à peu près le même, produit ces déplorables effets.

purs, nous savons que vous nous comptez au rang de ceux qui vous appartiennent. 3. Vous connaître est la parfaite justice, et comprendre votre justice et votre puissance est la source de l'immortalité. 4. Aussi ne nous sommes-nous pas laissé séduire aux inventions dangereuses de l'art qui représente par la peinture la vanité, ou la structure d'une image sculptée, embellie de diverses couleurs 5. pour donner de la passion à l'impudique, et lui faire aimer le fantôme d'une image morte et sans vie. 6. Les libertins sont dignes de fonder leur espoir en de semblables divinités, aussi bien que ceux qui les font, qui les aiment et qui les adorent.

7. Un potier, qui façonne l'argile, en fait par son travail tous les vases propres à notre usage; il forme du même lut ceux qui sont destinés à des usages honnêtes, et ceux qui ne le sont pas; il en dispose à son gré. 8. Puis il se donne une peine bien inutile pour former de ce même lut un dieu, lui qui a été tiré du limon de la terre, et qui doit y retourner, lorsque Dieu lui redemandera son âme. 9. Il ne pense pas aux châtiments qu'il se prépare, ni à la brièveté de sa vie; mais il n'a en vue que d'exceller dans son art avec les orfèvres qui travaillent sur l'or, l'argent et l'airain, pour tirer vanité d'un travail futile. Son cœur est plus vil que la poussière; son espoir plus bas que la terre, et sa conduite plus méprisable que la boue; 11. parce qu'il ignore celui qui l'a formé du limon, qui l'a doué d'une âme vivante, qui a soufflé sur ce limon un esprit de vie. 12. Les uns se sont imaginé que la vie n'est qu'un jeu; les autres qu'elle n'est donnée que pour amasser de l'or par toutes les voies, même les plus criminelles. 13. Cependant le potier comprend bien qu'il est plus coupable que tous les autres, lui qui tire d'une même terre des vases fragiles ou des idoles inutiles.

14. Ah! tous ceux qui se déclarent les ennemis de votre peuple, et qui l'oppriment sont orgueilleux, malheureux et

insensés, plus qu'on ne saurait le dire; 15. parce qu'ils prennent pour des dieux toutes les idoles des nations, qui ne peuvent se servir ni de leurs yeux pour voir, ni de leurs narines pour respirer, ni de leurs oreilles pour entendre, ni des doigts de leurs mains pour toucher, ni de leurs pieds pour marcher; 16. car c'est un homme qui les a faites, et celui même qui a reçu de Dieu l'esprit de vie les a formés. Or nul n'a le pouvoir de faire un dieu qui lui soit semblable, 17. puisqu'étant lui-même mortel, il ne saurait fabriquer avec ses mains criminelles qu'un ouvrage mort : il vaut mieux que ceux qu'il adore, parce qu'il vit du moins quelque temps, quoiqu'il doive mourir après; tandis que ces idoles n'ont jamais vécu. 18. Ils adorent jusqu'aux plus vils animaux, qui sont au-dessous des autres animaux sans raison, 19. et la vue même en est horrible. Voilà comment ils ont fui la gloire et la bénédiction de Dieu.

CHAPITRE XVI.

LES DERNIERS FLÉAUX POUR PUNIR LES DERNIERS IDOLATRES, AUXQUELS PARTICIPERONT LES JUSTES, MAIS POUR ÊTRE PRÉSERVÉS PAR LE PAIN DU CIEL.

1. C'est à cause de leur idolâtrie qu'ils ont été justement tourmentés par toutes sortes d'animaux, et exterminés par une multitude de bêtes (1). 2. Délivrant votre peuple de ces calamités, vous l'avez favorablement traité, en lui donnant la nourriture délicieuse qu'il avait désirée, leur préparant des cailles comme une viande d'un nouveau goût; tandis que leurs ennemis, pressés par la faim, avaient en aversion leur nourriture ordinaire à cause des plaies dont Dieu les avait frappés. Ceux-ci, au contraire, n'ayant été

(1) Ch. XI, 18-20, bic.

dans le besoin que fort peu de temps, ont été rassasiés d'une nourriture toute nouvelle; 4. car il fallait qu'une ruine inévitable vînt accabler leurs tyrans, et qu'ils n'eussent qu'à considérer la manière dont leurs ennemis étaient exterminés.

5. Il est vrai que des bêtes cruelles et furieuses vinrent aussi les attaquer, et que des serpents venimeux leur ont donné la mort. 6. Mais votre colère ne dura pas toujours, ils ne furent que peu de temps dans le trouble; et vous leur donnâtes un signe de salut pour leur rappeler vos saints commandements. 7. Car celui qui regardait ce signe n'était point guéri, par ce qu'il voyait, mais par vous-même qui êtes le sauveur de tous les hommes, 8. et vous avez fait voir en cette rencontre à nos ennemis, que c'est vous qui délivrez de tout mal. 9. Eux, ils ont été tués par les seules morsures des sauterelles et des mouches (1), sans qu'ils aient de remède pour sauver leur vie; 10. mais vos enfants, les dents mêmes empoisonnées des dragons n'ont pu les vaincre, parce que votre miséricorde est accourue à leur secours : 11. ils étaient piqués par ces bêtes pour leur remettre en mémoire vos divins préceptes, et ils étaient guéris à l'heure même, de peur que, tombant dans un profond oubli de votre loi, ils ne missent obstacle à votre secours (2). 12. Ce n'était pas la vertu d'une plante appliquée sur leur mal qui les guérissait, Seigneur, mais votre seule parole qui guérit toutes sortes de maux.

13. Oui, Seigneur, seul vous avez puissance de vie et de mort; vous conduisez jusqu'aux portes de l'enfer et vous en

---

(1) Hic, p. 22.

(2) Nous continuons à penser que ces fléaux arriveront aux approches de la fin du monde pour punir les hommes de leurs mœurs dépravées, une espèce d'idolâtrie (Éph., V, 5; Coloss., III, 5), laquelle est autorisée par la science et les arts, loin de la vue de Dieu et de sa sainte autorité; et que le signe sacré de la croix guérira par sa vertu toute divine tous ceux qui seront mis à l'épreuve de ces fléaux.

ramenez. 14. Si quelqu'un dans sa colère vient à tuer son ennemi, il ne pourra le rappeler à la vie, et évoquer son âme pour animer de nouveau son corps; 15. pour vous, Seigneur, il est impossible d'échapper à votre bras puissant. 16. Les impies ont eu beau déclarer qu'ils ne vous connaissaient pas, ils ont été frappés de vos fléaux : des pluies extraordinaires, la grêle, les orages, et ils ont été consumés par le feu. 17. Et ce qu'il y a de surprenant, c'est que l'eau qui éteint l'incendie servait elle-même d'aliment au feu, en sorte que toutes les créatures s'armaient pour la vengeance des justes. 18. Le feu de même tempérait quelquefois son ardeur pour ne pas brûler les bêtes envoyées contre les impies, afin qu'ils reconnussent eux-mêmes que c'était par un juste jugement de Dieu qu'ils souffraient tous ces maux; 19. et quelquefois aussi ce même feu surpassant son activité naturelle redoublait l'ardeur de ses flammes au milieu des eaux, afin de détruire la race de cette terre coupable (1).

20. Pour parer à ces désastres, vous avez nourri votre peuple du pain des anges (2), et vous leur avez donné un pain du ciel préparé sans aucun travail, qui renfermait en soi tout ce qu'il y a de délicieux et toute sorte de suavités; 21. car cette substance découvrait toute votre douceur à l'égard de vos enfants, et s'accommodant à la volonté de chacun d'eux, elle se changeait en toute sorte de goûts (3). 22. La neige et la glace soutenaient sans se fondre la force du feu, afin que vos ennemis comprissent qu'en même temps

---

(1) Tout ceci peut s'appliquer au feu du ciel qui doit consumer prochainement des villes entières (*Scivias*, de sainte Hildegarde, p. 155, où sont citées les prophéties de sainte Brigitte, IVe livre, ch. 57).

(2) *Ambrosiam escam* (note du verset 20, ch. 19, même livre, Père Carrières).

(3) C'est cette nourriture de la sainte Eucharistie que nous avons nommée *ambroisie* du mot *ambre*, emprunté au prophète Ézéchiel (I, 4); l'ambre, emblème de la lumière. (Voir l'Avant-propos).

que la flamme brûlait au milieu de la grêle, et étincelait au milieu des pluies pour consumer leurs fruits, 23. elle oubliait sa force naturelle, afin de laisser vos justes se nourrir; 24. car votre créature, qui devient intelligente sous la main de son Créateur, redouble sa force pour tourmenter les méchants, et se ralentit pour contribuer au bien de ceux qui mettent en vous leur confiance. 25. C'est pourquoi, cette nourriture se transformait en toute sorte de goûts pour obéir à votre grâce qui communique la vie à tous, afin de s'accommoder à la volonté de ceux qui vous aiment. 26. Et vos enfants comprenaient dans la dilection que vous avez pour eux, Seigneur, que ce ne sont pas les fruits de la terre qui nourrissent les hommes, mais que c'est votre parole qui les conserve. 27. Or cette nourriture, qui ne pouvait être consumée par le feu, se fondait aussitôt qu'elle avait été échauffée par le moindre rayon du soleil, 28. pour donner à comprendre à tous, qu'il faut prévenir le lever du soleil pour vous bénir, et qu'on doit vous adorer au point du jour. 29. Car l'espérance de l'ingrat se fondra comme la glace de l'hiver, et s'écoulera inutilement comme l'eau.

CHAPITRE XVII.

LES TÉNÈBRES.

1. Vos jugements sont terribles, Seigneur, et vos oracles sont ineffables; c'est pourquoi les pécheurs se sont perdus dans leurs égarements. 2. Tandis que les méchants se persuadent qu'ils peuvent dominer la nation sainte, ils deviennent les victimes des ténèbres, enveloppés des horreurs d'une longue nuit, renfermés dans leur maison, ainsi poursuivis par les fléaux d'une perpétuelle Providence. 3. Tandis qu'ils espèrent se cacher dans leurs coupables retraites, ils sont dispersés et comme mis en oubli sous un voile de

ténèbres, saisis d'un horrible effroi, et troublés par des spectres. 4. Leurs retraites ne les défendent point de la crainte, parce qu'il s'élève des bruits qui les effrayent, et qu'ils voient paraître d'affreux fantômes qui les remplissent d'épouvante. 5. Le feu même n'a aucune force pour les éclairer, et les astres se refusent à percer ces horribles ténèbres. 6. Des lueurs sinistres les frappent soudain, et viennent encore augmenter leur effroi, en leur montrant ce qu'ils ne peuvent apercevoir.

7. C'est alors que toutes les illusions de l'art des magiciens devinrent inutiles, et que toute cette sagesse dont ils faisaient gloire fut honteusement convaincue de fausseté. 8. Eux, qui promettaient de bannir le trouble et la crainte, étaient ridiculement sous le coup d'une panique étrange. 9. Lors même qu'aucun spectre ne venait les troubler, les bêtes qui passaient et les serpents qui sifflaient, les mettant comme hors d'eux-mêmes, les faisaient mourir de peur; ils fermaient les yeux pour ne point considérer le temps; ce que personne ne peut éviter. 10. Comme la malice est timide, elle se condamne par son propre témoignage, et épouvantée par les remords, elle se figure toujours les maux plus grands qu'ils ne sont. 11. Aussi la crainte n'est autre chose que le trouble de l'âme, qui se croit privée de tout secours. 12. Et moins elle attend de soulagement dans son propre fonds, plus elle grossit, sans les bien connaître, les sujets qu'elle a de se tourmenter.

13. Ainsi ces ténèbres épaisses, qui s'élevaient des plus profonds abîmes de l'enfer, les accablaient de sommeil, 14. tantôt réveillés en sursaut par l'apparition de spectres affreux, tantôt tombant de défaillance sous l'impression de craintes soudaines et inopinées. 15. Si quelqu'un venait à tomber, il était renfermé sans chaînes dans cette affreuse prison; 16. que ce fût un p. ysan, un berger, ou un homme occupé aux travaux de la campagne, qui fut ainsi surpris, il était dans l'impossibilité 17. de se débarrasser de cette bar-

rière de ténèbres. Le souffle du vent, le concert des oiseaux dans le bocage, le murmure d'un rapide ruisseau,
18. le bruit effrayant des rochers dans leur chute, le passage des animaux qui se jouaient en courant, les hurlements des bêtes féroces, les échos des montagnes, tout à leurs oreilles était un bruit qui les glaçait d'épouvante et les faisait mourir.
19. Tout le reste du monde était éclairé d'une lumière très-pure, et s'occupait sans obstacle chacun de son travail,
20. eux seuls se trouvaient accablés sous cette nuit profonde, image des ténèbres qui leur sont réservées. Mais ils étaient encore plus insupportables à eux-mêmes (1).

CHAPITRE XVIII.

LE PROMPT SECOURS DE DIEU EN FAVEUR DES JUSTES PAR LE PASTEUR ANGÉLIQUE.

1. Cependant vos saints, ô mon Dieu, jouissaient d'une vive lumière, tandis que leurs ennemis entendaient leurs voix, et ne pouvaient les voir, ils les déclaraient heureux de ne pas souffrir ces fléaux ;
2. ils leur rendaient grâce de ce qu'ils ne se vengeaient pas des injustices qu'ils avaient souffertes ; et ils les priaient de leur continuer leur

---

(1) Ces ténèbres sont ainsi annoncées au 3e livre, IIe vision de sainte Hildegarde (*Système du monde d'après Moïse*, 353. *Scivias* p. 160 et 161.) « Tout aussitôt, une nuée noirâtre enveloppa la montagne, et dans cette nuée cette tête fut investie d'une si grande souillure que tous les peuples voisins étaient frappés de terreur, voyant que cette nuée demeurait trop longtemps sur cette montagne. Le peuple, témoin de ce prodige, et saisi d'une grande crainte, disait : « Hélas ! hélas ! Qu'est ceci ! Quelle chose « extraordinaire ! Ah ! qui pourra nous délivrer ? Nous ne savons pas com-« ment nous avons pu nous laisser séduire. O Dieu tout-puissant, ayez « pitié de nous ! Revenons, revenons donc. Hâtons-nous d'embrasser le « Testament de l'Evangile du Christ ; car, hélas ! hélas ! nous avons été « séduits. »

bienveillance (1). 3. C'est pourquoi au lieu de ces ténèbres vos saints ont eu une colonne de feu pour les diriger dans une route inconnue, et ils jouissaient de la clarté bienfaisante du soleil qui rendait leur retraite facile. 4. Quant aux autres, ils méritaient certainement d'être privés de lumière, eux qui tenaient captifs vos enfants par qui la lumière incorruptible de votre loi devait se répandre (2) dans le monde. 5. Parce qu'ils avaient résolu de faire mourir les enfants des justes, après que vous eûtes sauvé l'un d'eux qui avait été exposé sur les eaux, vous leur avez enlevé pour les punir une multitude de leurs enfants, et vous les avez perdus eux-mêmes dans les abîmes des mers (3).

6. Ces ténèbres ont été annoncées auparavant à nos pères (4) afin que connaissant la vérité des promesses que Dieu leur avait faites avec serment, ils fussent rassurés et tranquilles. 7. Ainsi votre peuple a eu la joie de voir en même temps et le salut des justes et la ruine des impies; 8. tandis que vous punissez vos ennemis, vous nous attirez à vous pour nous combler de gloire. 9. Car les fils de vos saints vous offraient en secret leurs sacrifices, et s'unissaient par un serment solennel, de rester fidèles dans la prospérité comme dans l'adversité, donnant suite ainsi au glorieux témoignage de leurs pères; 10. tandis qu'on entendait les voix confuses de leurs ennemis, et les cris la-

---

(1) C'est le sens du grec.

(2) C'est le sens du grec.

(3) Par des cyclones provenant à la fin du rapprochement des continents dilacerés par le deluge (sainte Hildegarde); 7e vision, 3e livre, n° 7; 9e vision, n° 15. (*Système du monde d'après Moïse*, p. 352.)

(4) Lorsque vous avez dit par la bouche de votre Apôtre *que tout ce qui était arrivé aux Hébreux était la figure des événements futurs* (I, Corinth. 10. 11). Il faut donc attendre dans ces moments critiques un nouveau secours de la divine Providence pour délivrer ses enfants, et des ténèbres et de l'incendie des villes coupables, et des eaux dont le mouvement terrible, par le rapprochement des continents, vont noyer les tranquilles habitants des rivages de la mer. Tout cela a été prédit.

mentables de ceux qui pleuraient la mort de leurs enfants ; 11. l'esclave était puni comme le maître, et le prolétaire comme le roi lui-même ; 12. et il y avait partout des morts sans nombre, tous frappés de la même mort. Ceux qui survivaient ne pouvaient suffire à les ensevelir ; car chaque famille était frappée en un moment dans ce qu'elle avait de plus cher au monde. 13. Ils n'avaient point voulu croire aux autres prodiges à cause de leurs magiciens, mais après l'extermination de leurs premiers-nés, ils avouèrent que ce peuple était le peuple de Dieu.

14. Lorsque tout reposait dans un paisible silence, et que la nuit était au milieu de sa course, votre parole toute-puissante vint du ciel, du trône royal de votre gloire (1). Le Seigneur, comme un puissant guerrier, fondit tout à coup sur cette terre destinée à la perdition, 16. et l'ange, comme un exterminateur impitoyable, portant l'irrévocable décret de votre volonté, s'arrêta, et remplit tout des ravages de la mort, lui dont les pieds touchaient la terre et dont la tête atteignait les cieux. 17. C'est alors qu'ils furent troublés par des songes et des visions horribles (2) ; et furent saisis d'une soudaine frayeur, 18. jetés çà et là demi-morts, ils se disaient la cause de leur supplice ; 19. car ils avaient été avertis d'avance par ces visions épouvantables, qu'ils ne périraient pas sans connaître le sujet de leur malédiction.

20. Il est vrai que les justes eurent aussi à redouter les coups de la mort, le peuple fut frappé de plaies dans le

(1) Ce texte a trois applications : la première, pour la délivrance des Hébreux de la servitude d'Égypte par l'Ange exterminateur qui fit mourir tous les premiers-nés des Egyptiens ; la seconde application concerne la venue du Messie : le Verbe divin descendit du trône de sa gloire, pour délivrer l'homme de la servitude du démon ; la troisième application est faite pour les temps où nous vivons, afin d'assurer le triomphe de la Religion par la ruine des impies ; et c'est dans ce sens que nous allons continuer l'interprétation.

(2) Ch. 17, v. 4, p. 36.

désert; mais votre colère, Seigneur, ne dura pas longtemps. 21. Un homme d'une conduite irrépréhensible se mit aussitôt à prier pour le peuple, il opposa le bouclier de son saint ministère; et sa prière s'élevant vers vous avec l'encens qu'il vous offrait apaisa votre colère, fit cesser le fléau, montrant ainsi qu'il était votre serviteur. 22. Il contint la multitude, non par la force humaine ni par la puissance des armes; mais il arrêta l'ange exterminateur, en lui représentant les promesses que Dieu avait faites avec serment à leurs pères et l'alliance qu'il avait juré de leur garder. 23. Il y avait déjà des monceaux de victimes tombées les unes sur les autres, lorsqu'il s'interposa, arrêta la vengeance de Dieu, et empêcha que le feu n'atteignît ceux qui n'étaient point encore frappés (1). 24. Car tout le monde était représenté par la robe sacerdotale dont il était revêtu; les noms glorieux des anciens Pères étaient gravés sur les quatre rangs de pierres précieuses qu'il portait, et votre grand nom était sur le diadème de sa tête. 25. A cette vue l'exterminateur céda; car les justes étaient remplis de crainte, mais il suffisait de leur avoir fait sentir cette épreuve de votre colère.

---

(1) Tout cela doit se passer dans l'incendie des villes coupables; la colère de Dieu sera apaisée par l'intervention du grand pontife; et il y aura un signe (ch. 16, v. 6, p. 33) auquel l'Ange exterminateur arrêtera ses coups : *Le monde entier était représenté par la robe sacerdotale dont il était revêtu.* Or, voici à ce sujet la communication qui nous est donnée spontanément et à propos (*Antiquités de Josèphe,* liv. III, ch. 7.) : « L'éphod qui « couvrait toute la poitrine du grand prêtre était la figure de la nature « entière par les quatre couleurs dont il était orné; et *le Rational,* où « étaient écrits les noms des douze tribus, figurait LA TERRE PLACÉE AU « CENTRE DU MONDE. » Cette interprétation de l'historien juif n'est pas arbitraire, mais appuyée sur l'Écriture elle-même : « *In veste enim poderis quam habebat, totus erat orbis terrarum* » (Sag. XVIII, 24.) Telle était l'opinion de l'historien Josèphe, à laquelle se rendront les partisans les plus tenaces du Système de Copernic, et ce sera un signe par les miracles dans les cieux qu'opérera le Pontife.

XIXe ET DERNIER CHAPITRE.

LE DERNIER RETOUR DES JUIFS. — L'AMBROISIE.

1. Mais pour les impies, la colère de Dieu fondit sur eux sans miséricorde, et persista jusqu'à la fin, parce que le Seigneur prévoyait ce qui devait leur arriver ensuite. 2. Car, ayant permis au peuple de Dieu de partir, et les ayant même renvoyés avec empressement, ils s'en repentirent aussitôt, et se mirent à leur poursuite. 3. Lorsqu'ils avaient encore les larmes aux yeux, et qu'ils pleuraient aux tombeaux de leurs enfants morts, ils prirent tout à coup une autre résolution, et ils se mirent à poursuivre comme des fugitifs ceux qu'ils avaient pressés avec instance de se retirer. 4. Ils y étaient conduits par un endurcissement mérité; et ils perdaient le souvenir de leur affliction, afin que le comble fût apposé à leur châtiment; 5. et qu'en même temps votre peuple trouvât un miraculeux passage là même où leurs ennemis devaient éprouver un genre de mort étrange. 6. Toutes vos créatures prenaient comme au commencement, chacune en son genre, une nouvelle forme pour obéir à vos ordres, et pour empêcher que vos serviteurs ne reçussent aucun mal. 7. Une nuée couvrait leur camp de son ombre; où l'eau dominait auparavant, la terre sèche parut tout à coup; un libre passage s'ouvrit en un moment au milieu de la mer rouge, et un champ d'herbes au plus profond des abîmes. 8. Ainsi passa tout ce peuple que vous protégiez par vos merveilles et vos prodiges. 9. Ils se réjouirent comme des coursiers au milieu de gras pâturages, et ils bondirent comme des agneaux, en vous glorifiant, Seigneur, de ce que vous les aviez délivrés (1).

(1) Il faut voir comment le psaume CVI montre une autre délivrance semblable à celle qui eut lieu lors du passage de la mer Rouge en faveur du peuple Israélite. Nous avons déjà remarqué (p. 252 et 253, *Système du monde d'après Moïse*), comment un grand changement doit s'opérer dans les continents, conformément aux énonciations du psaume LXV.

10. Ils se rappelaient encore ce qui était arrivé au pays où ils avaient demeuré comme étrangers : de quelle manière la terre, au lieu d'autres animaux, avait produit une infinité de mouches, et le fleuve, au lieu de poissons, avait fait sortir de ses eaux une multitude de grenouilles. 11. Enfin ils virent une nouvelle espèce d'oiseaux, lorsqu'ils en demandèrent à Dieu par le désir qu'ils avaient de manger des mets délicats. 12. Il fit lever de la mer un grand nombre de cailles, et ils furent punis de leur concupiscence, non sans avoir été avertis par de sinistres présages et les éclats de la foudre, et ils souffraient le juste châtiment de leurs crimes. 13. Car ils exercèrent l'hospitalité de la manière la plus indigne ; les habitants de Sodôme ne voulurent point recevoir des étrangers qui leur étaient inconnus ; mais eux réduisirent en servitude des étrangers qui ne leur avaient fait que du bien. 14. De plus les habitants de Sodôme furent punis pour avoir traité en ennemis de simples étrangers ; 15. mais eux exerçaient d'horribles cruautés envers ceux qu'ils avaient d'abord reçus avec joie, et qui avaient accepté leurs lois. (1).

16. Ils furent frappés de cécité sur le seuil même de la porte du juste, ils furent tout à coup recouverts de ténèbres, en sorte qu'ils ne pouvaient plus regagner leur domicile (2).

---

(1) Rien de semblable n'apparait pour les Israélites dans l'Ancien Testament ; il faut donc que sous l'Antechrist, il y ait quelque chose de plus odieux que ce qui s'est passé à Sodôme, lorsque les justes fuiront les pays qui seront sous la domination de l'homme de mal, et que le pays de leur exil se rendant aux séductions de l'infâme, ils soient horriblement maltraités.

(2) Mais ce qui doit arriver sous l'Antechrist arrivera en partie aussi de notre temps, surtout pour les épaisses ténèbres (Sag., ch. 17). C'est pourquoi le psaume CVI, qui est un cantique d'actions de grâces pour les bienfaits opérés de Dieu au dernier retour des Juifs (*Retour des Juifs*, p.555, 556 et 557), ce psaume, disons-nous, parle : 1° de leur retour (v. 1-7) 2° des ténèbres (v. 8-14) ; 3° de leur conversion (v. 15-20) ; 4° de leur passage sur la mer Méditerranée (v. 21-30) ; 5° du merveilleux changement de ce qui était aride en mer, et de ce qui était mer en aride (v. 34-35) ; suit

17. Tandis que les éléments se transforment, il se fait un concert de tons différents sur l'instrument le plus parfait; bien que chacun d'eux conserve son intonation (1).

18. Les campagnes se changeaient en mer, et ce qui ne pouvait être traversé qu'à la nage devenait terre (2).

19. Le feu plus actif que par sa force naturelle brûlait dans l'eau; tandis que l'eau perdait la vertu de l'éteindre (3).

Si d'un côté le feu consumait l'eau, sans que l'eau pût l'éteindre; 20. de l'autre les flammes n'atteignaient pas les chairs corruptibles de ceux qui les traversaient sans aucune lésion par le secours de cette AMBROISIE, cette manne qui se dissolvait cependant comme la glace (4).

Car vous avez relevé et honoré en toutes choses votre peuple, Seigneur; vous ne l'avez point méprisé, et vous l'avez assisté en tous temps et en tous lieux.

---

l'annonce de la fertilité donnée de nouveau à la terre promise (v. 36 jusqu'à la fin).

(1) Sainte Hildegarde fait la différence du concert du ciel au delà de la création au concert des éléments de la création; elle insinue cependant que le premier fait suite au second, et semble dire que la question 27e, où elle parle du concert des éléments, regarde la fin des temps. (Voir p. 23 hic.) En effet, consultant le contexte du verset 17, on voit au 16e verset que les ténèbres étaient annoncées, et au verset 18 que les continents se rapprochent puisque ce qui était mer devient terre, et ce qui était terre devient mer.

(2) C'est pour préparer les voies au retour des Juifs à la fin que *le Seigneur fendra la mer pour en faire retentir les flots* (Jérémie XXXI, 35), et ce prodige parmi tant d'autres se rapporte à celui que saint Luc annonce (XXI, 25) : *Les hommes sécheront de frayeur à cause du bruit de la mer et des flots.* Ce bruit terrible sera occasionné par le rapprochement des continents.

(3) C'est ce qui arrivera à la fin dans l'incendie des villes coupables, car on n'a rien vu de pareil à la sortie d'Égypte (ch. XVI, v. 17, 18, 19, hic, p. 34).

(4) Le texte sacré nous autorise à employer le terme AMBROISIE, *ambre électre, feu* (Ezéchiel, I, 4) pour désigner la sainte Eucharistie; car puisque nous voyons annoncés : 1° au verset 16, les ténèbres; 2° aux versets 17 et 18, la réorganisation de l'ancien continent antédiluvien; 3° au v. 19, l'incendie des villes coupables, fléaux qui n'ont pas eu d'antécédents, nous sommes convaincus du secours des justes au milieu de ces fléaux dans la manducation de la Manne eucharistique.

AVANT-PROPOS.

Sainte Hildegarde avant d'expliquer le Symbole de saint Athanase donne d'abord des conseils à ses religieuses, que nous croyons pouvoir omettre ; puis elle commente le chapitre XXIV du livre de l'*Ecclésiastique*, en citant ces paroles, tirées principalement du verset 5 de ce chapitre : « *Je suis créée dès les temps anciens, et j'ai assisté à la formation du premier homme*..., etc. » Or pour faire transition de l'interprétation que nous venons de donner nous-même du *Livre de la Sagesse* à ce que sainte Hildegarde commente du *Livre de l'Ecclésiastique* comme préambule à l'explication du Symbole de saint Athanase, nous commencerons par traduire la prière au commencement du chapitre XXIII de l'*Ecclésiastique*, pour nous préparer nous-même aux inspirations de la Sagesse ; nous ajouterons ce qui est dit au commencement du chapitre Ier de l'*Ecclésiastique* sur l'excellence de la Sagesse par la crainte de Dieu ; nous donnerons notre commentaire du chapitre XXIV en l'appliquant, comme le fait l'Église dans sa lithurgie à Marie immaculée; et nous poursuivrons bien plus facilement alors le commentaire qu'en donne elle-même la Sainte comme préambule à l'Exposition du Symbole. Étant entré ainsi en matière nous expliquerons les autres passages difficiles des livres sapientiaux à mesure que sainte Hildegarde nous y amènera.

EXPOSITION DU SYMBOLE DE SAINT ATHANASE

PAR SAINTE HILDEGARDE.

L'ECCLÉSIASTIQUE.

CHAPITRE XXII.

PRIÈRE POUR OBTENIR LA SAGESSE.

33. Qui imposera à ma bouche la réserve, à mes lèvres un sceau inviolable, de peur que ma langue ne précipite ma chute, et ne me livre à la perdition (1).

CHAPITRE XXIII.

1. Seigneur qui êtes mon Père, et le maître de tout ce qui respire, ne m'abandonnez pas à l'inconséquence de mes paroles, de peur qu'elles ne me perdent. 2. Qui corrigera les écarts de mon esprit, qui fera entendre à mon cœur les enseignements de la sagesse? C'est vous, (ô Marie) qui appartenez au Seigneur (2), vous ne m'épargnerez point dans les manquements de ma conduite, et vous réprimerez les scandales de ma vie; 3. de peur que mes ignorances ne viennent à croître, mes offenses à se multiplier, que je ne tombe en présence de mes détracteurs et que je ne sois exposé aux insultes de mes ennemis (ces hommes qui ont perdu toute confiance en la divine miséricorde). 4. Ah! Seigneur, qui êtes mon père et le Dieu de ma vie, ne m'abandonnez pas à leurs mauvais conseils; 5.

(1) Psaume XL.
(2) Le grec porte τοῦ Κυρίου.

réprimez sans cesse en moi l'orgueil et l'ambition qui pourrait dévorer l'âme de vos serviteurs; éloignez de moi les vaines espérances et la cupidité, retenez dans le devoir ceux qui veulent vous servir; 6. réprimez en moi les excès de l'intempérance, de la luxure et les désordres d'une âme qui a perdu toute honte.

CHAPITRE Ier.

LA CRAINTE DU SEIGNEUR.

1. Toute sagesse vient de Dieu, le souverain Seigneur de toutes choses; elle est en lui (avant tous les siècles). 2. Qui pourrait compter le sable de la mer, les gouttes de la pluie, les jours de la durée du monde, calculer la hauteur du ciel, l'étendue de la terre, la profondeur de l'abîme 3. ne pourrait pénétrer les profondeurs de la Sagesse (qui est avant tout). 3. La Sagesse (le Verbe incarné), est la première de toutes les créatures; et la lumière de la souveraine intelligence précède toutes choses. 5. La source en est dans le Verbe de Dieu au plus haut des cieux, et ses voies sont les commandements éternels. 6. A qui donc aurait été révélé le germe de la Sagesse? Qui aurait sondé ses nombreuses ressources; 7. compris et découvert sa conduite, discerné les ressorts de son activité multiple? 8. Il n'est que le Très-Haut, le Créateur, le Dieu Tout-Puissant, le Roi des rois infiniment redoutable, dont la Sagesse est les assises. Le souverain dominateur 9. l'a créée, l'a reconnue, l'a mesurée dans le Saint-Esprit; 10. il l'a répandue (par le Verbe incarné) sur tous ses ouvrages et sur toute chair, selon le partage qu'il en a fait, la distribuant à ceux qui l'aiment.

11. La crainte du Seigneur est une gloire, un honneur, une source de joie, une couronne d'allégresse: 12. la crainte de Dieu, dilate le cœur, répand la joie, le bonheur,

et donne des jours prospères. 13. C'est à la crainte de Dieu, que l'on doit une heureuse fin et la bénédiction dans la mort ; 14. (L'amour de Dieu est la Sagesse en honneur, 15. dès qu'on la découvre, on l'aime en admirant l'éclat de ses merveilles). 16. La crainte du Seigneur est le principe de la Sagesse, elle naît avec les fidèles, (elle accompagne les femmes d'élite, et se fait remarquer dans les justes et parmi les saints. 17. La crainte de Dieu consacre la science; 18. et par elle, l'homme se conserve dans la modestie et la justice; il est rempli de satisfaction et de joie, 19. jusqu'à ce que, après une vie honorable, il consomme son sacrifice dans les bénédictions du Seigneur). 20. La crainte de Dieu met le comble à la Sagesse, et à l'abondance de ses fruits : 21. elle bénit les maisons et les remplit de ses trésors. 22. La crainte du Seigneur est la couronne de la Sagesse, elle donne la plénitude de la paix et les fruits du salut ; 23. en sorte qu'elle l'apprécie et qu'elle en marque les merveilles. Or, ces deux choses : la paix et le salut, sont un don de Dieu. 24. La Sagesse répand la science et les lumières de la prudence, et élève en gloire ceux qui lui sont attachés. 25. La crainte de Dieu est la raison de la Sagesse pour en perpétuer les rameaux. 26. (Dans le trésor de la Sagesse se trouvent l'intelligence et la science des choses saintes qui sont en abomination aux pécheurs. 27. Aussi la crainte de Dieu chasse le péché) (1).

(1) De cette magnifique émanation de la Sagesse au Verbe incarné par le souverain Dominateur, le Père dans le Saint-Esprit (v. 8, 9 et 10), il résulte que la crainte de Dieu, inspirée aux créatures dans le Verbe incarné par le Saint-Esprit, est une source de bénédiction, de science et de gloire. Or celle qui a le plus participé à cette crainte révérentielle de l'adorable Trinité : Père, Fils et Saint-Esprit, laquelle crainte est confondue ici avec l'amour de Dieu (v. 14), cette crainte, principe et racine de la Sagesse, Marie l'a possédée au plus haut degré, et c'est pourquoi étant unie à son Fils bien-aimé dans la Sagesse, elle conseille aux femmes d'élite et aux saints les sentiments de Jésus lui-même. La crainte de Dieu en ce sens est la perfection de l'amour ; et le pécheur ne l'a pas, dès qu'il pèche ; mais il pèche,

CHAPITRE XXIV.

LA DIVINE MARIE.

1. La Sagesse pourra faire à elle-même son éloge; (elle se glorifiera devant Dieu) et s'élèvera au milieu de son peuple; 2. elle parlera dans les assemblées du Très-Haut, et se produira devant les armées du Seigneur; 3. (Elle sera exaltée au milieu de son peuple, et elle sera admirée par tous les saints réunis); 4. Comblée d'éloges parmi la multitude des élus, elle sera bénie de ceux qui seront bénis de Dieu; et elle sera bénie de Dieu; et elle dira à sa louange (1):

5. « Je suis sortie de Dieu, je suis née avant toute créature. 6. C'est moi qui ai produit dans les cieux (au milieu des anges) une lumière indéfectible, et qui ai couvert toute la terre d'une nuée, (*qui ai enfanté le Juste*) (Is., XLV., 8). 7. J'ai habité l'empyrée et mon trône (de miséricorde) était dans la colonne de nuée (qui protégeait le peuple de Dieu) (Exode, XIII, 21, 22). 8. (Ayant vu l'ordonnance des cieux et assisté à la création de l'univers),

---

parce qu'il ne craint pas; la sanction morale lui manque. En sorte que si l'on doit dire avec le Concile de Trente (session VI, cap. VI. *De Justificatione*) « que la crainte du Seigneur est le commencement de la justice, » on peut affirmer avec l'Écriture qu'elle en est aussi le sommet et la perfection. Voici pourquoi parmi les dons du Saint-Esprit la crainte du Seigneur est comptée le dernier, comme le couronnement des autres à la mort du juste.

(1) Que personne ne se scandalise : au paradis, les saints renverront à Dieu comme une louange en leur honneur tous les mérites qu'ils ont acquis sur terre en union aux mérites infinis de la croix ; et ces mérites des saints, provenant de la grâce, ne seront point orgueil chez eux, puisque leurs mérites couronnés seront la gloire de leur auteur ; et comme le chante l'Église : « En couronnant leurs mérites, vous couronnez vos dons. » (Préface de la Toussaint.)

(Prov. VIII, *Système du monde d'après Moïse*, p. 150), seule, j'ai pu parcourir les limites des cieux, pénétrer les profondeurs de l'abîme, marcher sur les flots jusqu'aux extrémités des mers; 9. visiter toutes les contrées, tous les peuples; 10. régner sur tous les empires; 11. fouler aux pieds par ma puissance l'orgueil des grands et des petits, et fixer (en terre sainte) le lieu de mon repos, pour demeurer dans l'héritage du Seigneur.

12. Alors le Créateur de l'univers m'a intimé ses ordres, en reposant dans mon sein; 13. il m'a dit: Habitez dans Jacob (pour remplir les promesses faites à Abraham), héritez (des vertus qui ont illustré les enfants) d'Israël (jusqu'à la venue du Messie) [et jetez de plus profondes racines en mes élus] (par la rédemption de Jésus-Christ).

14. Or (moi) qui ai été créée au commencement devant tous les siècles (Prov. VIII, 22, hic v. 5), je ne cesserai de remplir cette mission jusqu'aux âges les plus reculés, et d'exercer devant le Seigneur mon ministère dans la maison sainte (dans l'Eglise de Dieu); 15. c'est ainsi qu'ayant été affermie dans Sion, j'ai fixé ma demeure en la cité sainte, et exercé ma puissance dans Jérusalem; 16. pour prendre racine parmi le peuple (d'acquisition), ce peuple, digne d'honneur, dont la postérité est le partage de mon Dieu [et où je trouve consommée la plénitude des Saints].

17. (Et pour manifester par Marie la riche effusion des grâces répandues à la fin sur le peuple Juif à son dernier retour, pour la consommation des saints, l'Ecclésiastique nous montre par Marie la fertilité rendue à la terre promise en ces termes, que confirme la suite et la fin de tout ce chapitre.) Je me suis élevée comme les cèdres du Liban (comme les maronites de ces montagnes (*Fin des temps*, 131), comme les cyprès de la montagne de Sion (comme les fidèles qui sont comptés par les musulmans pour exercer leur culte à l'intérieur) (*Fin des temps* 123-128); 18. j'ai poussé de vigoureuses tiges comme le palmier de Ca-

dès (ou Cades-Barné) (1), pour montrer que les enfants d'Israël vont prendre part aux promesses : Israël et Juda confondus dans la même main pour leur glorieux retour au Messie). Je suis comme la plantation de la rose en Jéricho (car Jéricho a été la première ville prise par les Israélites avec le secours de l'Arche sainte, et la divine Marie, qui est en même temps l'arche d'alliance et la rose du Carmel (2), s'emparera de toutes ces contrées pour leur rendre leur ancienne fertilité).

---

(1) Cadès et Cades-Barné, situées près des montagnes de Séir (Gen. 14-17) est le lieu des Eaux de la contradiction (Ezéch. 47, 19). C'est de là que furent envoyés Caleb et Josué pour explorer la terre promise (Deut., 32 5; Nomb., 32, 8; Deut., 1, 2). C'est de là que partait la limite de la terre promise (Josué, 10, 41), malgré les réclamations des Moabites à Jephté (Juges, 11, 26) : « Jephté répond aux Moabites qui se plaignaient de ce qu'Israël s'était injustement emparé de leur pays contre l'ordre du Seigneur : « Que « la guerre n'avait point été déclarée contre eux, puisque Moïse avait atta- « qué les Amorrhiens, les premiers conquérants de leur pays, et que Balac, « roi des Moabites, avait inutilement essayé de le reprendre contre les « Israélites ; » et Jephté leur reproche d'avoir été si longtemps, l'espace de trois cents ans, à venir élever cette réclamation (Chronologie 25; *Système du monde*).

(2) Carmel : Il y a dans la Sainte-Écriture trois endroits désignés sous le nom de Carmel, et c'est ce qu'il faut bien savoir si l'on veut avoir le sens de tout ce qu'il y a de prophétique sous ce glorieux nom : « 1° Carmel, ville de la tribu de Juda (Josué, 15, 55), située près de la montagne dans la partie méridionale de la tribu de Juda, près des frontières d'Édom, où Saül érigea un monument de sa victoire sur les Amalécites (I Rois, 15, 12), où Nabab habitait (I Rois, 18, 20) ; 2° Carmel, montagne ou chaîne de montagnes, qui s'étendaient vers la mer, *ad Carmelum maris*, au milieu des tribus d'Aser, de Zabulon, d'Issachar (Josué, 19, 26), où Élie défia les prophètes de Baal et les confondit (3 Rois, 18, 20) ; » (t. XVII. Géographie sacrée du P. de Carrières). Mais là ne s'était pas retiré Élie, et après lui saint Jean-Baptiste ; 3° Carmel, dans la tribu de Gad et au nord de Galaad (passim), était près des montagnes d'Hermon « où était le Sarion, l'un des monts Hermon, au nord du pays de Galaad (Deut. 3, 8, 9) » ; c'était le même que « le Saron, canton du pays de Basan (I Paralip., 5, 16, le même canton, qu'Isaïe compare au Carmel (Is. 23, 9; 35, 2) » (t. 17, P. de Carrières, Géographie sacrée aux mots *Sarion, Saron. Saron*. C'était aussi là que se trouvait une autre montagne de Sion, suivant ces paroles du P. 132, 2) *Sicut mons Hermon, qui descendit in montem Sion.*

Par conséquent, le Sarion ou le Carmel ou le mont Sion se trouve dans

19. Je me suis élevée comme le bel olivier (de la paix) et comme le platane sur le bord des routes (devenues plus sûres) le long des rivières. 20. J'ai répandu une odeur de parfum comme la cannelle, le baume le plus précieux, l'agréable senteur de la myrrhe la plus excellente. 21. J'a rempli ma demeure d'un mélange odoriférant du storax et du galbanum, de l'onix et de la myrrhe, de la goutte d'encens tombée d'elle-même; et moi-même je suis comme le baume le plus pure et sans mélange. 22. J'étends mes branches comme un térébinthe: et ces branches sont des rameaux et d'honneur et de grâce. 23. Je suis la vigne en fleur qui répand ses parfums, et ces fleurs sont des fruits de gloire et d'abondance: 24. car je suis la mère du pur amour, de la crainte (ch. 1 p. hic 46, 47), de la science, et de la sainte espérance: 25. en moi toute grâce de droiture et de vérité, toute espérance de vie et de vertu. 26. Venez à moi, vous tous qui me recherchez, et vous serez rempli des fruits que je porte (de mon Fils bien aimé Jésus). 27. Car mon esprit est plus doux que le miel, et mon héritage surpasse le rayon de miel le plus pur. 28. Aussi mon nom passera à la postérité la plus reculée. 29. (Oh! mon fruit béni, mon Fils, est une nourriture et un breuvage, et mon Fils est un autre moi-même.) Ceux qui me mangent auront encore faim, ceux qui me boivent auront encore

---

le pays de Basan, qui est aussi le pays de Galaad. Or, où est situé le Sarion ou Sanir, l'une des chaînes des monts Hermons? Il est écrit au Deutéronome (3, 8, 9) : *Nous avons emporté de la puissance des deux rois Amorrhéens, toute la contrée au delà du Jourdain, depuis le torrent de l'Arnon, jusqu'à la montagne d'Hermon; que les Sidoniens nomment Sarion, et les Amorrhéens Sanir; toutes les villes situées dans la plaine, toute la contrée de Galaad et de Basan.* C'est ce Carmel qui est la retraite d'Élie, la retraite de Jean-Baptiste, la retraite de Jésus-Christ, la fondation du glorieux institut des Carmes, sous les auspices de Marie; en sorte que l'on peut dire encore de nos jours : *N'y a-t-il pas de baume en Galaad ?* (Jérémie, 8, 22). C'est à Pella, près du mont Liban, que se sont retirés les Juifs lors des deux siéges de Jérusalem par Tite et par Omar, et c'est là que doivent se produire les merveilles de la régénération; la suite va le faire comprendre.

soif ; 30. ceux qui m'écoutent ne seront point confondus ; ceux qui agissent par moi, ne pécheront jamais ; 31. ceux qui me font connaître auront la vie éternelle.

32. Tout ceci est le livre de vie, et l'alliance du Très-Haut, qui nous donne connaissance de la vérité ; 33. c'est la loi que Moïse nous a divulguée avec les préceptes de la justice qui renferment et l'héritage de Jacob et les promesses faites à Israël ; 34. c'est le livre qui parle des promesses faites à David, son serviteur, ce roi très-puissant qui doit sortir de sa race, et s'asseoir à jamais sur un trône de gloire. 35. (Sous le beau règne de ce grand roi représentant le Messie lors de la régénération), la sagesse s'écoulera à plein bord comme le Phison, comme le Tigre au printemps ; 36. l'intelligence débordera comme l'Euphrate et comme le Jourdain pendant la moisson ; 37. la science dans sa lumière comme le Géhon au temps des vendanges (alors les saisons seront confondues, printemps, été, automne, hiver). 38. Ce roi a le premier parfaitement connu la sagesse qui se cache aux faibles mortels ; 39. car ses pensées sont plus vastes que la mer, et ses conseils plus profonds que l'abîme.

40. Je suis la sagesse d'où découlent toutes les sources, je suis l'origine de tous les fleuves, comme le fleuve Diorix qui s'écoule du paradis terrestre : (car le seul continent antédiluvien étant rétabli, du Diorix partiront les quatre fleuves le Tigre, l'Euphrate, le Jourdain et le Géhon ; et c'est Jérusalem la cité du grand roi, qui est le centre de la terre, (Jud., 9. 37). 42. J'ai dit : j'arroserai les plantes de mon jardin, et je baignerai mes prairies. 43. Le lit de mon fleuve est si large qu'il est devenu comme une mer. 44. Au même temps la lumière de ma science sera brillante comme l'aurore (du grand jour) et de là elle rayonnera jusqu'aux extrémités du monde. 45. Je pénétrerai même (comme l'âme de Jésus-Christ aux limbes) jusqu'au plus profond de la terre, et fixant mes regards sur tous ceux qui dorment, je serai

la lumière de tous ceux qui espèrent au Seigneur. 46. J'édicterai une doctrine toute divine, comme celle des (anciens) Prophètes, je la laisserai à ceux qui recherchent la Sagesse, et je ne cesserai point de leur être présente dans la suite de leur génération jusqu'au siècle saint.

47. Considérez enfin que je n'ai point travaillé pour moi seule, mais pour tous ceux qui recherchent la vérité.

Commentaire de Sainte Hildegarde.

La charité dit de concert avec la sagesse : je suis créée dès les temps anciens ; et j'ai assisté à la formation du premier homme, lorsque Dieu l'a fait ; car Dieu dans sa sagesse a créé le ciel, la terre et toutes les autres créatures pour l'homme, afin qu'il y trouvât son soutien et sa vie (Ecclési. 24). De là vient que la Sagesse peut être convenablement appelée un artisan, parce qu'elle a parcouru le ciel et la terre, et qu'elle les a établis dans un parfait équilibre. Or la chair de l'homme est répandue avec l'âme dans les veines et les moelles, en sorte que la chair est toujours vivifiée par l'âme ; et, parce que l'homme par son âme a la connaissance des créatures, il en jouit dans la joie et l'allégresse. Et c'est ainsi que dans son corps et dans son âme comme par la miséricorde et la charité l'homme est agréable à Dieu ; parce que la sagesse et la charité ne sont qu'un. (I. 14. *L'amour de Dieu est la sagesse en honneur* : *La miséricorde et la vérité sont venues à sa rencontre, la justice et la paix se sont embrassées* (Ps. 24. 10). La miséricorde et la justice sont la sagesse, et la vérité et la paix sont la charité. Or la sagesse et la charité n'étant qu'un, il suit que la miséricorde et la justice qui représentent l'homme sage ne sont qu'un avec la vérité et la paix qui représente Dieu. Unité dans le sens que dit notre Seigneur : *Faites qu'ils ne soient qu'un avec nous* (S. Jean, 17, 21).

Par ces deux vertus la sagesse et la charité, les anges et les hommes obéirent au Seigneur dans l'humilité, car l'humilité s'incline souvent pour la gloire de Dieu, et de cette manière elle attire à elle toutes les vertus. C'est par ces deux vertus que Dieu a formé l'homme, pour qu'il ne se perdît pas tout entier, de même que tous les anges ne se sont point perdus; un grand nombre restèrent fidèles à Dieu, mais les autres tombèrent avec l'ancien serpent. (Dieu attirait sur l'homme bonté et justice en le formant dans sa sagesse, et la charité de Dieu répondait pour le récompenser, s'il eût été fidèle. Dieu attirait bonté et justice sur les anges en les créant, et la charité de Dieu répondait pour récompenser la fidélité des bons anges. Et c'est ainsi que Dieu est justifié dans la création par la réparation de l'homme tombé et par la fidélité des anges persévérants dans la justice. Ainsi rien de ce que Dieu a créé n'ayant été entièrement perdu, le bien de la création est reconnu dans l'infinie félicité de ce qui a été réparé ou de ce qui est resté fidèle.) Dieu a donc créé l'homme dans sa sagesse, il l'a vivifié dans la charité, il l'a dirigé dans l'humilité et l'obéissance pour lui faire comprendre comment il devait vivre (pour être miséricorde dans la sagesse, afin d'être uni à la charité).

C'est ce que le premier Ange n'a pas voulu comprendre; son idée ne pouvait prédominer; car la vie est une, et tire d'elle-même son être, tandis que toutes les créatures y puisent leur existence. (Satan s'imaginait que la sagesse, par laquelle il avait été créé lui appartenait, et il ne voulait point s'unir à la charité, ce qui ne pouvait être, puisque tout ce qui vient de Dieu doit retourner à Dieu, et qu'à Dieu seul appartient la vie, la vie par essence où tous les autres êtres tirent leur existence.) Aussi Satan se séparant de la vie est tombé et s'est desséché, comme on voit les autres créatures : les arbres, les plantes se dessécher en tombant, lorsqu'il leur manque la séve qui les nourrit. Car l'ange est tout plein de vie en Dieu; mais l'homme est l'œuvre accomplie du Seigneur: car Dieu agit toujours en l'homme, c'est ce que l'homme comprend dans sa conscience; l'homme, tant qu'il existe ici-bas, ne cesse de penser et de faire quelque chose dans quelque condition qu'il soit; et, lorsqu'il vient à mourir il vit infiniment dans l'autre vie. L'homme qui fait le bien est (tout plein de vie) comme les bons Anges, auxquels il est assimilé. Mais l'homme qui méconnaît cet insigne honneur d'avoir été formé des mains du Créateur, qui s'écarte de la vraie obéissance, qui ne veut point travailler dans l'humilité, l'homme qui veut tenir tout de lui-même, se rend semblable aux mauvais anges, il tombe comme Satan du principe de la vie et devient aride. Comment, ô homme, prétends-tu que Dieu est coupable dans la création? On peut te répondre: Tu t'es donc créé toi-même? Non: Eh bien! est-il plus convenable de n'avoir d'autre maître que toi-même, que de servir celui qui t'a créé? Quel salaire pourras-tu te préparer, n'étant pas l'auteur de ton existence, si ce n'est celui de la géhenne de feu?

Ainsi les anges et les hommes et toutes les autres créatures de Dieu (assujetties qu'elles sont au service de l'homme) sont divisés en deux camps, comme cela a eu lieu pour toi (ô homme) lorsque Dieu t'a marqué du signe de la circoncision. Car le premier séducteur trompa le premier homme par sa ruse, et le rendit désobéissant à Dieu, lorsque Adam se laissa surprendre à ses paroles, et commit dans la désobéissance ce que le séducteur lui avait conseillé. Mais cette désobéissance même fut divisée par la circoncision que le Seigneur ordonnait, et à laquelle se conforma volontairement Abraham, en faisant ce qui lui avait été commandé (Gen. 17). Alors ce trompeur dans sa fourberie frémit en lui-même, inspirant à quelques hommes cette pensée mauvaise, qu'il était impossible d'adorer un Dieu que l'on ne pouvait ni voir, ni entendre, ni toucher.

Et de cette manière il corrompit le peuple qui s'était fait circoncire par obéissance, et se complut dans le souvenir d'avoir perdu le premier homme en lui disant : *Vous serez comme des dieux, connaissant le bien et le mal* (Gen. 3), il leur inspira cette pensée détestable, qu'ils ne pouvaient connaître Dieu, que sous quelque apparence de fornication, puisque l'homme étant corps, Dieu en le créant n'avait pu se cacher à lui au point de ne se laisser voir, ni entendre, ni comprendre. (De là l'origine de l'idolâtrie.)

Toute la loi ancienne et le peuple vraiment circoncis ne put vaincre cet ancien séducteur ni tous ces gens séduits, et il ne le pourra pas encore ; mais Dieu les confondra avant le dernier jour, et les vaincra à la face de toutes les nations. C'est ainsi que l'ancienne loi avec tous les fidèles qui observaient la circoncision, et même avec ceux qui s'abandonnaient à l'erreur est parvenue jusqu'à la naissance de Jésus-Christ, lorsque apparut réellement ce véritable Soleil de justice. Ce même Soleil a brillé d'un grand éclat par sa doctrine, il a été vu et compris dans son humanité, parce que les Prophètes l'avaient précédé, de même qu'on voit plusieurs planètes au-dessus du soleil, ce que Dieu avait prévu, lorsqu'il établit le firmament avec toute sa gloire. Au soleil, à la lune et aux étoiles le Seigneur a ajouté les eaux, il a condensé les nuages avec la tempête, et la foudre sillonne la nue, et le bruit du tonnerre les disperse et les agite (1). Donc de même que Dieu a mis toutes

(1) Voilà qui ressemble à ce que nous avons dit, que les nuages et les tonnerres, comme l'arc-en-ciel, n'ont paru qu'après le déluge, *en ajoutan les eaux; c'est quelque chose*, comme dit la Sainte, *que Dieu a prévu, comme la formation des planètes*; mais il y a cette différence que la Sainte les place *au-dessus* du soleil, tandis que nous les croyons toutes *au dessous* de l'orbite du soleil. Cependant, sainte Hildegarde dit plus bas que *les planètes* SOUTIENNENT *le soleil pour le servir*; ce qui rentrerait dans notre opinion : car si les planètes soutiennent le soleil et le servent, c'est-à-dire son

les créatures au service de l'homme, de même il a annoncé son Fils par l'ordre des cieux, lui qu'ont prédit les Prophètes, dont les prophéties ont par obéissance fait toucher du bout du doigt sa sainte humanité, comme les planètes soutiennent le soleil en le servant (1).

La prophétie, qui dit : *Une Vierge enfantera* (Is. 7), a touché l'humanité du Sauveur ; parce que la Vierge sans tache a conçu, au souffle du Saint-Esprit, et non au souffle empoisonné de la chair. Tel qu'on voit un rayon de soleil pénétrer un objet, et l'animer tout entier de sa chaleur, sans le consumer, le Soleil de justice est sorti d'une Vierge intacte ; et il a illuminé le monde, comme on voit le soleil illuminer le monde entier à travers le ciel sans perdre de sa substance ; la Vierge a enfanté son Fils, appelé Emmanuel, parce qu'il est sorti d'elle sans altération, de même que le soleil lance ses rayons à travers le ciel sans le diviser. C'est pourquoi le Fils de Marie est appelé Dieu avec nous, parce que dans l'Incarnation, qui s'est produite à l'ombre du Saint-Esprit dans le sein de la Vierge, la Divinité sainte est restée tout entière ; telle est la force de la Divinité comme celle du soleil dans le firmament, qui domine

---

sous son action, elles doivent être placées en dessous de l'orbite du soleil. Et c'est ce qui nous donne à penser qu'au lieu du mot *suprà*, qu'on lit dans le texte, il faudrait lire *infrà*. Mais passons, car ce n'est qu'une comparaison ; et cependant il était nécessaire de toujours laisser voir le rapport très-significatif de nos idées avec celles de sainte Hildegarde sur le Système du monde.

(1) Ici encore, nous voyons que les miracles du déluge, de Josué et d'Ézéchias, sont les annonces de l'Incarnation du Verbe ; puisque, selon saint Denis l'aréopagite, et d'après sa lettre écrite pour Appollophane, le miracle des ténèbres à la mort de Notre-Seigneur, lequel devait convertir son ami, n'était en quelque sorte que la suite des autres miracles qu'il rapporte, et qui, (l'aréopage le savait), avaient changé le cours des astres. Or, la Sainte dit de même : « Le Père a annoncé le Fils par l'ordre des cieux. » Et c'est ce que nous nous efforçons de montrer, en prouvant en faveur du Christ par la Bible et la numismatique ces merveilleux changements.

les cieux, les abîmes et toute créature. Et, nonobstant, le Fils de Dieu, par son humanité sainte, était alors avec nous; mais il ne cessera de rester maintenant avec nous par le sacrifice de son corps et par la parole de sa doctrine jusqu'à ce qu'il apparaisse manifestement à nos yeux.

Et avec le Soleil de justice (Jésus-Christ), avec la lune (la divine Marie), avec les étoiles (les Apôtres), les eaux (les peuples) sont présentes, puisque le Seigneur a envoyé ses disciples par tout l'univers prêcher l'Évangile à toute créature (S. Marc, 16). Car il a accompli en sa personne tout ce que les Prophètes avaient annoncé de lui; il était comme le repos du septième jour depuis la création, où le Seigneur se repose de toute son œuvre (Gen. 2). Et de même que Dieu soumit alors toute créature au service de l'homme, ainsi maintenant le Fils de Dieu après son Ascension a confié à ses disciples les œuvres de son Incarnation, lorsqu'après leur mission ils prêchaient l'Évangile à toute créature. Ils montraient aux hommes la vraie Foi au Fils de Dieu, sur le témoignage des miracles qu'ils avaient vus et touchés, étant avec lui comme on voit le soleil briller dans le firmament.

C'est cette Foi qu'une foule innombrable de peuples a reçue, et l'Église s'est formée, comme on voit la lune et les étoiles établies dans le firmament. Et ces mêmes peuples, sous l'inspiration du Saint-Esprit, se donnaient plusieurs maîtres et prélats pour soutenir toute l'Église; comme on voit le ciel illuminé par le soleil, la lune et les étoiles. On vit ensuite s'élever des foudres et des tonnerres par des hommes infidèles et de cruels tyrans, qui envahirent comme des loups le troupeau du Seigneur tout éclatant dans sa Foi, comme le soleil brille dans tout son éclat; ils répandirent leur sang, en sorte qu'il n'y avait plus personne qui osât les ensevelir. Les tonnerres mêmes qui retentirent au moment de la chute de Satan en enfer, éclatèrent par les ennemis de Dieu, qui ne mettaient aucun terme à leurs crimes, et les foudres apparurent dans ces mauvais chrétiens, qui divisaient la Foi par leur infidélité, et elles consumèrent un grand nombre de catholiques (1).

INTERPRÉTATION.

(Le lecteur doit avoir sous les yeux le texte du Symbole.)

Tel fut Arius qu'Athanase terrassa complétement, fortifié qu'il était par saint Jean l'évangéliste, qui avait sucé au cœur de Jésus ce qu'il exprimait dans la hauteur de son vol inspiré, quand il écrivit dans son Évangile les mystères de la Divinité. C'est ainsi que plus tard Athanase, en défenseur de l'Église, écrit sur l'unité de la Divinité.

Car le Père n'est pas un être différent quant à la substance, pas plus que le Fils, pas plus que le Saint-Esprit; et ils ne sont point séparés l'un de l'autre dans la substance de la Divinité; mais dans le Père, le Fils et le Saint-Esprit, il y a unité de substance par l'éclat d'une même majesté.

Le Père est autre que le Fils, autre que le Saint-Esprit, par la distinction des personnes; et néanmoins le Père n'est pas autre que le Fils et le Saint-Esprit, quant à la substance de la Divinité.

Or comment distinguer ces trois personnes? Dieu est à la fois intelligence dans son Verbe, et il vit. Dieu a créé le monde et l'homme avec toute sa gloire, ce qu'il a résolu

---

(1) On le voit encore : la lumière de la première création apparaît avant le déluge, représentée qu'elle est par le repos du septième jour, lequel figurait l'entrée du Soleil de justice dans le monde. Puis des nuages s'amoncèlent, on voit éclater les foudres et les tonnerres après le déluge, représentant les ennemis du Christ à notre époque dans les persécuteurs empereurs païens et les faux frères hérétiques qui divisèrent la Foi en sa doctrine. Rien ne manque donc au tableau pour voir l'antériorité de la lumière plus brillante du soleil avant que le déluge eût amoindri l'ardeur et l'éclat de ses rayons : nous verrons aussi plus loin que ce tableau convient à notre époque ; mais nous sommes arrivés à l'exposition du Symbole.

de toute éternité. C'est Dieu seul qui a fait cela, et sans Dieu rien n'existe; et qui pourrait faire que Dieu n'ayant point existé, il commençât d'être? Nul ne le peut assurément. Dieu a fait tout dans son Verbe, comme l'affirme saint Jean, lui qui s'est reposé sur le sein de Jésus (S. Jean, I).

Mais Dieu est un feu, et dans ce feu se cache la flamme, et cette flamme est agissante dans la vie. Or dans ce feu il n'y a pas de division, mais seulement la distinction des personnes. Le feu matériel et visible est de couleur d'or, et dans le feu brille la flamme, et il brûle animé par un grand vent : le feu ne brillerait pas, s'il n'était flamme, et il ne serait pas agissant sans souffle. Ainsi nous remarquons trois mots pour exprimer le feu. La flamme est dans le feu, et le feu brille par la flamme, et il ne devient agissant qu'au souffle du vent. Le feu brûle avec la flamme, et cette action, dans son entier, pénètre et anime également et le feu et la flamme.

De même l'âme est un feu, et ce feu pénètre le corps tout entier qu'elle habite, savoir : les veines avec le sang, les os avec les moelles et la chair avec sa couleur, et il est inextinguible. Et ce feu de l'âme a son ardeur dans la raison qui parle. Si l'âme n'était un feu, elle n'échaufferait pas l'humeur froide du chyle pour ranimer le corps par le sang des veines; mais parce que l'âme est animée par la raison, elle répand dans de justes proportions dans toutes les parties du corps sa chaleur, de peur que le corps ne dessèche. C'est, lorsque l'âme sort du corps, que le corps s'affaisse; comme on voit le feu manquer faute d'aliment. L'homme selon Dieu est raison, et la raison de l'homme parle dans le feu de son inspiration. La raison est une puissance toute de feu, mais sans division, parce que sans feu elle n'aurait point de souffle, et sans le souffle de l'inspiration, elle ne pourrait parler.

(Sainte Hildegarde compare donc la sainte Trinité au feu qui se distingue ainsi : le feu, la flamme et le souffle; quoique après tout il n'y ait que du feu. De même l'homme est corps et âme : dans le corps on distingue le sang, les moelles et la chair, et ce n'est qu'un corps; dans l'âme il y a la raison, la parole et l'inspiration ; comme dans le feu il y a le feu, qui représente la raison, la flamme, emblème de la parole, et le vent, signe de l'inspiration. Or l'âme est une, quoiqu'elle soit distinguée par son feu triple.)

(Après avoir donné une idée de la sainte et adorable Trinité par ces comparaisons du feu appliquées aussi au corps et à l'âme de l'homme, sainte Hildegarde reprend le texte de saint Jean : Dieu a tout fait dans son Verbe, et aussi pour commenter la suite du symbole :)

Dieu a donc tout créé, et seul il a pu faire quelque chose qui eût vie ; quoique l'homme puisse représenter quelque objet dans les arts ; mais la représentation est morte, parce que l'homme a lui-même un commencement.

Avant Dieu il n'y a point eu de commencement, lui-même étant sans commencement; tout a été fait en lui, parce que *tout a été fait par lui* (Saint Jean, I). L'homme ne montre-t-il pas la confiance qu'il a en Dieu, lorsque pour éviter un malheur qu'il redoute, il réclame son secours par ses cris, afin de le préserver dans la paix ? Et l'homme apprend aussi l'amour qu'il doit avoir envers Dieu par les mêmes choses qui sont à son usage, parmi lesquelles il vit, avec lesquelles il travaille, et celles qui s'offrent à lui paisiblement et en temps opportun. Car si l'homme (dans l'état d'ignorance causée par le péché originel) ne connaissait que ce qui lui est doux et favorable, il ne saurait ni l'apprécier, ni quel nom lui donner; c'est pourquoi il a une plus grande science par le poids même des choses qui lui sont nuisibles ; il connaît alors le bien et le mal, et il sait les nommer comme Adam. S'il ne voyait qu'un seul côté des choses, il n'aurait pas une connaissance parfaite des œuvres de Dieu, l'objet qu'il verrait ne le frapperait qu'à moitié, ce qu'il entendrait ne lui en donnerait qu'une science imparfaite, il serait donc vide et sans vie comme un charbon consumé par le feu. (Il est certain que Dieu seul est parfait, et que même sans le péché, la créature n'a qu'une perfection relative, qui présente des ombres au tableau du Tout-Puissant. La Sainte n'a donc pas dit, et n'a pas voulu dire que les œuvres de Dieu étaient imparfaites, et bien moins encore que le péché était nécessaire; mais elle a dit et a voulu dire que Dieu seul, Être incréé, est doué d'une perfection absolue. Et c'est ce que l'on voit par la conséquence «Donc:» Ces trois personnes divines ne sont qu'un seul Dieu, et toutes les créatures ont été formées par ce même Dieu; *sans lui rien n'a été fait de ce qui a été fait* (Saint Jean, I). Et ce commencement, qui a eu lieu au moment de la création, a voulu ressembler à Dieu qui n'a point de commencement; ce qui ne pouvait être, parce qu'il avait été néant: en Dieu seul est la vérité et la vie, tandis que dans l'ange déchu et l'homme il n'y a que vanité, que le vent subtil et rapide de l'orgueil a vainement gonflée. Mais ce qui vient de Dieu existe en Dieu et a la vie en lui; et Dieu a brisé la tête de celui qui commença tous ces malheurs, et il a précipité dans l'abîme celui qui ne possède point la vie.

Dieu ne peut être enfermé dans aucune orbite, ni terminé par aucun nombre, comme le sont toutes les choses qui ont un commencement. Car Dieu a eu toutes choses en sa présence, quoiqu'il ne les ait pas aussitôt créées; de là vient qu'il y a un certain intervalle entre les créatures; comme on voit en l'homme l'enfant, l'adolescent, le jeune homme, le vieillard et l'extrême vieillesse, ce qui est aisé à comprendre.

Dieu le Père éternel n'a point eu de commencement, comme on voit une roue dans sa marche n'avoir ni commencement ni fin. Car *Dieu est esprit* (S. Jean 4). Or tout ce qui est esprit est incompréhensible et indivisible. (Ce qui ne veut pas dire que tout esprit soit par là même éternel; mais l'esprit participant de la nature de Dieu est par son immortalité semblable à l'Éternel.) L'éternité est sans ce changement qui fait dire : il a été, il est; elle reste éternelle, et personne dans l'éternité ne peut être assimilé à Dieu. L'éternité est unique, et toutes les créatures ont été faites par elle.

Le Fils a revêtu la forme d'une créature en se faisant homme, et ce vêtement, la Divinité se l'approprie, comme le rayon est inhérent au soleil. Le soleil darde ses rayons sur la terre, sans augmenter ni perdre son éclat; et de même le Fils de Dieu en venant dans le monde n'a rien augmenté ni diminué de sa Divinité; parce qu'il s'est revêtu de l'humanité en venant au monde, comme Adam a été revêtu d'une créature fragile par le Seigneur pour couvrir sa nudité.

Car l'homme ne pourrait jamais concevoir l'éternité, qu'en tant qu'il est homme. (La brute ne peut le faire, parce qu'elle n'est pas douée de raison : c'est cette faculté qui rend l'homme capable de concevoir l'éternité, à cause de l'immortalité qui lui a été promise dès l'origine; car il lui a été dit : *Le jour où vous mangerez de ce fruit vous mourrez* (Gen., 2, 17), ce qui veut dire, en tournant la phrase : Si vous ne mangez pas de ce fruit, vous serez immortels. Et l'homme conçoit l'éternité par la rédemption en Notre-Seigneur.) La Divinité s'est cachée dans l'humanité, lorsque le Fils de Dieu a été comme revêtu de l'humanité, de même que l'on reconnaît un homme, quoiqu'il soit caché sous ses armes.

Le Saint-Esprit dès l'origine fut présent à toute créature, et mit tout en mouvement par son inspiration. Il n'y a pas en Dieu trois éternités, mais une éternité, non, comme l'a entendu Arius, qui en a fait trois parcelles, comme on séparerait les membres du corps de l'homme. L'éternité est un seul Dieu, que la raison humaine ne saurait définir à cause de la sublimité de ses opérations. L'homme a eu un commencement et retombe en poussière, il ne peut donc saisir ce qui a lieu avant tout commencement et après toute fin. Toutefois, son âme dirigée par la Foi, peut parler de la substance de Dieu, qui est toute spirituelle. L'âme, qui est un souffle de Dieu, peut comprendre beaucoup de choses invisibles, et a le sentiment catholique de l'unité de Dieu, sans modalités comme sans parties. Le Père tout-puissant qui par son Verbe tout-puissant, a créé tout ce que pénètre le tout puissant Saint-Esprit par la vie qui lui est propre, comme on voit la chaleur du feu se conserver dans la flamme. Il serait aussi inconvenant de dire que l'homme composé d'une âme raisonnable et d'un corps, doit être divisé en trois parties, puisque alors il n'aurait plus la vie, mais ne serait qu'un cadavre, que de dire que la vie incommunicable puisse être divisée, lorsqu'elle n'a rien de ce qui est mortel, à savoir : le commencement, le changement. Dieu le Père a la puissance ; Dieu le Fils est la puissance du Père ; Dieu le Saint-Esprit est la vie qui vivifie tout : Dieu sans division, dont la force souveraine prend trois noms différents. Ainsi c'est par sa domination que le Père est Seigneur ; c'est par son action que le Fils est Seigneur ; c'est par sa vie vivifiante que le Saint-Esprit est Seigneur ; car ils sont la Divinité parfaite sous trois noms, comme Dieu a marqué son œuvre tout entière sous l'unique sceau de sa force divine. Et ces Maîtres n'exercent pas leur puissance à part, mais la Divinité seule, qui se manifeste dans les trois forces des trois personnes, en dominant, en activant, en vivifiant aussi toute créature et les amenant chacune à sa fin. Il n'y a donc qu'un seul Seigneur.

Or le Seigneur a fait deux œuvres : l'ange et l'homme avec toutes les autres créatures. L'ange est un esprit ; l'homme créé à l'image et à la ressemblance de Dieu, agit par les cinq sens, par lesquels il n'est point divisé, mais il est sage, savant et comprenant ce qu'il fait. Dieu a mis dans l'homme ces trois forces à savoir : que l'homme est doué d'une âme raisonnable, qu'elle imprime le mouvement au corps, et dans laquelle les cinq sens de l'homme ont plein pouvoir de s'exercer. Par les yeux l'homme connaît les créatures; par l'ouïe sa raison lui transfère ce que veut dire ce qu'il entend; par l'odorat il distingue ce qui est bon ou impropre à son usage; par le goût il sait discerner les propriétés et les qualités de ses aliments; et par le toucher il opère le bien ou le mal; il règle donc ses actions avec ses organes. Ces cinq sens de l'homme sont tellement liés ensemble que l'un ne peut se passer de l'autre (sans atténuer ses forces organiques), ils sont tout dans le même homme, qui ne peut diviser en deux ou trois sa personnalité, mais qui opère avec ses cinq sens toutes ses œuvres par une même hypostase. Et en ce que l'homme est sage, savant et intelligent, il comprend les créatures. Et de même aussi par les créatures et leurs grands mouvements, qu'à peine il peut saisir avec les cinq sens, il connaît Dieu, qu'il ne peut voir que par les yeux de la Foi. L'homme par ses organes comprend et connaît toutes les créatures; par la vue il aime, par le goût il discerne, par l'ouïe il juge, par l'odorat il choisit ce qui lui convient, par le toucher il fait ce qui lui plaît; et en ceci il imite Dieu qui a créé toutes choses. De même aussi l'homme, en ce qui touche son âme, parce qu'il est sage, discerne ce qui lui convient ou ce qui lui est nuisible; par cela qu'il est savant, il soumet toutes les créatures à ses ordres, pour les faire servir à son usage, en attirant ce qu'il désire, en éloignant ce qu'il rejette; et par cela qu'il est intelligent, il sait donner à chaque créature l'ouvrage qui lui est propre. Avec ces trois forces et ce qui les accompagne, l'homme conserve son âme à jamais indivisible, au point que, si par l'astuce de Satan l'homme venait à perdre un membre, il n'en serait pas moins indivisible dans son âme. Le corps est l'édifice de l'âme, qui agit avec elle selon ses organes, comme on voit la terre portée sur les eaux (1).

---

(1) Ici la terre (*molendinum*, *moles*) est considérée comme placée au-

Ces trois personnes ne sont donc assurément qu'une vraie et même Divinité. Et de même qu'il n'y a pas trois âmes dans une seule âme raisonnable, quoiqu'on ait trois forces, mais que ce n'est qu'une seule âme ; de même on ne saurait diviser la Divinité qui est une, puisque tout ce qui est créé ne vient que d'un seul Dieu, mais il n'est qu'un seul Dieu qui a tout créé, un seul Seigneur, que toutes les créatures invoquent, et à qui appartiennent toutes les brebis. Il ne faut donc admettre aucune particule dans l'unité de la Divinité ; car il n'y a qu'un seul Dieu. Le Père n'a été ni fait car nul n'est apparu avant lui ; ni créé, ni engendré, parce qu'il est éternel sans commencement. Le Fils est sorti du Père seul sans en être séparé ; il n'a pas été fait, comme ayant un commencement, ni créé comme le seraient les membres du corps, mais il est engendré ; de même qu'on voit sans aucune séparation la lumière du soleil. Il a pris un corps dans le sein de la Vierge Marie, sans toutefois être privé de la clarté de la Divinité, parce qu'il est de toute éternité en Dieu avec le Père, bien qu'il ait revêtu dans le temps l'humanité dans le sein de la Vierge Mère.

Quant au Saint-Esprit, qui est la vie par qui tout respire et se meut dans les créatures, il n'a été fait par aucun souffle, ni créé par personne, ni engendré par personne : mais il est co-éternel et égal au Père et au Fils par la Divinité. C'est lui qui assistait à la création du monde, lorsque l'*Esprit de Dieu était porté sur les eaux* (Gen. 1), illuminant l'orbe de l'univers, lorsque le Verbe de Dieu prononça le *Fiat.* Et le Saint-Esprit procède du Père et du Fils dans

---

dessus des mers, suivant le langage de la Bible : *Quoniàm super maria fundavit orbem terrarum* (Ps. XXIII, 2), et selon les conséquences que nous en tirons dans notre Système du monde. Par cette comparaison, sainte Hildegarde veut prouver que, si la vie est le soutien de l'âme, l'âme ne dépend pas plus de la vie du corps que les continents ne dépendent des mers qui les soutiennent. Et c'est combattre plusieurs théories de la philosophie moderne, qu ait dépendre l'âme des organes

la vérité des prophéties. C'est lui qui a inspiré les Prophètes, qui cachaient souvent sous l'écorce de la lettre le sens profond de leurs prophéties ; parce que souvent ils parlaient en paraboles comme dans l'ombre d'une vision nocturne. C'est lui qui est descendu sur les Apôtres sous la forme de langues de feu, il les a tous remplis de sa vertu, et les a changés en d'autres hommes ; et les Apôtres voyaient ces langues et sentaient en eux-mêmes l'inspiration de l'Esprit-Saint ; ce qui n'arriva jamais avant la naissance du Christ, et n'apparaîtra jamais plus ; parce que le miracle s'est opéré pour le Christ qui est le Fils unique de Dieu. Or si le Saint-Esprit leur est apparu sous des langues de feu, c'est parce que la Vierge Marie a conçu par sa vertu le Fils de l'Éternel. Et c'est ainsi (par rapport à nous), que le Saint-Esprit procède du Père et du Fils. Les Apôtres en le voyant sous l'apparence du feu parlaient clairement, avec sagesse et intelligence. Et parce que le Fils de Dieu a été conçu du Saint-Esprit dans le sein de la bienheureuse Vierge Marie (Luc. 1), le Saint-Esprit est resté et reste encore en lui pour y demeurer toujours et ne s'en séparer jamais ; c'est pourquoi la Foi enseigne dans la pureté et l'intégrité de sa doctrine, que le Saint-Esprit procède du Père et du Fils, ainsi qu'il a été dit. Mais de ce que le Fils a dit de lui-même qu'*il procèdera du Père* (S. Jean, XV) (23e Question à Sainte Hildegarde), il le disait pour rendre honneur à son Père, l'entendant de son incarnation dans le temps, tandis que sa relation divine avec le Père n'est point du temps.

....Il n'y a qu'un Père ; parce que, si le Père n'était pas, il n'aurait point engendré son Fils ; et si le Fils n'avait point été engendré, le monde n'aurait point été créé.... Il n'y a qu'un Fils, par qui tout a été fait, et il est consubstantiel au Père. Il n'y a qu'un Saint-Esprit qui vivifie tout et est de tout la force motrice. Chaque plante a sa racine, ses feuilles et ses fruits, et on sait parfaitement distinguer cela dans chaque plante ; pourquoi donc le Créateur de toutes choses ne pourrait-il être remarqué dans la Trinité des personnes? La personne du Père peut être comparée à la racine, la personne du Fils au fruit, et la personne du Saint-Esprit à la verdure de l'arbre, sans pour cela être séparé et cesser d'être un seul Dieu.

Et dans cette unité de la Trinité il n'est rien qui ait la priorité dans une existence antérieure, ni postériorité dans une existence plus prolongée, rien qui soit plus grand en magnificence, ni moindre en puissance; mais ces trois personnes se réunissent en un seul, sans laisser aucun vide, et dans leur éternité, comme dans leur égalité elles sont coéternelles et égales entr'elles. Ainsi donc dans ces trois personnes il n'y a rien, considérant la Divinité, dont on puisse dire : *Il est et n'a pas été*, il y a quelque chose de plus grand ou de plus petit, parce que Dieu, n'ayant ni commencement ni fin, ne peut éprouver ni augmentation, ni diminution, parce qu'il est immuable. L'œuvre de Dieu dans les créatures, qui n'avait point eu d'exécution, est apparue dans sa formation pour passer à travers les temps, subissant des augmentations dans leur progrès, des détériorations dans leur décadence (1).... Car c'est Dieu qui a tout créé, et il est la vie, où va puiser tout ce qui respire...

Que le Chrétien considère comment il a été créé, et comment dans son action il est un corps et une âme raisonnable. Dieu avait prévu avant tous les temps la constitution humaine, dont il devait prendre la forme. Quiconque a sur cela le moindre doute, se nie lui-même; il ne croit pas que sous deux natures : l'âme et le corps, il est un seul homme par trois modalités; car si l'une de ces trois choses : l'âme, le corps et la raison, qui constituent l'homme, une seule venait à manquer, l'homme ne serait plus. L'homme est

(1) On parle beaucoup de *progrès* en notre siècle, et l'on ne songe guère à la *décadence*, que l'on croit impossible. Or c'est mentir à l'histoire que de soutenir un progrès indéfini; car *c'est le Seigneur qui élève et renverse les empires dans sa Providence* (Eclesi., VII, 12).

raisonnable en son âme, laquelle opère dans le corps toutes choses par sa voix : toutes les créatures sont présentes à l'homme, comme les rameaux sont à l'arbre ; l'homme ne pouvant pas plus subsister sans les autres créatures, que l'arbre ne peut subsister sans ses branches. (C'est une question déjà réservée au grand concile œcuménique de savoir : comment l'homme ayant été créé dans une perfection relative est tombé par le péché originel dans un état de dégradation, qui réclamait de la Miséricorde divine une réparation par la Rédemption du Fils de Dieu fait homme. Cette question, que traite Sainte Hildegarde, demande le commentaire de ce qui nous reste à expliquer des livres Sapientiaux dans ce qu'ils présentent de plus ardu et de plus difficile. C'est de l'Ecclésiastique le chapitre XVI du verset 24 à la fin ; le chapitre XVII ; le chapitre XVIII du 1er au 6e verset inclusivement. C'est du livre des Proverbes le chapitre III du verset 19 au verset 20 ; le chapitre XXX du 1er au 6e verset. C'est du livre de l'Ecclésiaste du chapitre VIII le verset 17, du chapitre III les versets 11, 14 et 15, du chapitre I les versets 9 et 10 et 18 à 22, du chapitre XII les versets 13 et 14).

(Le chapitre XXIV de l'Ecclésiastique a été interprété de la gloire de Marie Immaculée ; le chapitre XXXIII du 7e au 14e versets : (*Système du monde*, p. 85.) La prière pour le retour des Juifs chapitre XXXVI depuis le 1er jusqu'au 19e verset inclusivement, le XLIIIe chapitre dans ses difficultés est expliqué : (*Système du monde*, p. 85, 88, 97, 110, 114, 144, 176 et 229.) L'éloge d'Onias est déjà vu au chapitre I du 1er au 26e verset inclusivement, et la conclusion par la prière de Jésus fils de Sirach au chapitre II. Ainsi toutes les difficultés des livres Sapientiaux seront élucidées. Commençons.

DU LIVRE DE L'ECCLÉSIASTIQUE.

CHAPITRE XVI.

24. Écoutez-moi, mon fils, réglez votre esprit, et fixez votre cœur sur mes paroles. 25. Je vous enseignerai la véritable science, et j'approfondirai les voies de la Sagesse. Rendez-vous attentif à mes paroles, je vous dirai avec exactitude les merveilles, que Dieu dès le commencement a fait reluire dans ses ouvrages, et je vous apprendrai à le connaître dans la vérité. 26. Dieu dans sa sagesse a formé d'abord ses ouvrages; il a distingué les parties du monde aussitôt qu'il les a créées, et en a séparé les espèces. 27. Il les a ornées pour toujours par les astres, dont il a réglé le mouvement sans interruption, sans relâche et sans fatigue; 28 chacun a respecté la course de son voisin, et ils ne se sont point brisés l'un l'autre; 29 et jamais ils ne désobéiront à ses ordres. (Mais si les ordres du Seigneur dérangent leur cours, comme cela est arrivé pour le soleil et les étoiles, d'après ce même livre de l'Ecclésiastique (chap. XLIII), aussitôt les astres obéiront au suprême Ordonnateur. De même, si à la fin des temps, ils doivent manifester les signes, il faut qu'ils donnent par leur commotion les marques de la fin du monde. L'Ecclésiastique étant ainsi interprété par lui-même, il est certain que les astres sont toujours soumis aux ordres du Très-Haut dans leur jeunesse comme dans leur caducité, *veterascent* (Ps. CL, 26; Héb., I, 11). 30. Ensuite Dieu regarda la terre, et la remplit de ses biens; 31. Il la couvrit de tous les animaux vivants, qui rentrent après leur mort dans son sein.

CHAPITRE XVII.

1. Enfin Dieu créa l'homme du limon de la terre, 2. et l'homme doit retourner en terre (à cause du péché d'ori-

gine) ; 3 il lui a marqué le temps et le nombre de ses jours (1), 1. Cependant Dieu a créé l'homme à son image (Sag. II, hic), et il l'a revêtu des qualités qui convenaient à sa nature. 3. Il lui a donné pouvoir sur tout ce qui est sur la terre, 4. et il l'a fait craindre de tout ce qui respire. Il lui a donné par sa compagne (parlant et s'entretenant avec lui), l'empire sur les bêtes de la terre et sur les oiseaux du ciel, car c'est par le langage que l'homme se comprend, et qu'il domine tous les êtres qui lui sont inférieurs. 5. Il les a doués d'un esprit septuple (pour comprendre) la division (des six jours de la création), et la septième parole était l'interprétation de toutes les œuvres du Seigneur (puisque le septième jour, où Dieu se reposa, était consacré par le commandement du repos pour louer le Seigneur dans ses œuvres). 6. Le discernement, le langage, les yeux, les oreilles, le cœur réglaient leur intelligence ; Dieu les a remplis des lumières de la science pour connaître le bien et le mal ; 7. et il a fixé son regard sur les mouvements de leur cœur. Il leur a inspiré à jamais la pensée de louer les merveilles de la création, 8. pour l'en glorifier avec sagesse, et relever par leur fidélité la sainteté de son nom. (Voilà pour la Loi naturelle ; voici maintenant ce qui regarde la Loi écrite) :

9. Le Seigneur a ajouté la connaissance d'une Loi de vie, pour être leur héritage (à eux et à leurs descendants) [leur faisant comprendre par (la succession des générations) que s'ils existent aujourd'hui, demain ils ne seront plus]. 10. Il a contracté avec eux une alliance éternelle, et il leur a révélé les ordonnances de sa justice. 11. Il a fait éclater à

---

(1) Nous plaçons ainsi cette première partie du verset 2, pour faire ressortir la ressemblance de l'homme avec les animaux, lorsqu'il a subi la dégradation due à son péché, comme aussi l'excellence de sa nature créée à l'image de Dieu, dont la suite du texte démontre la magnificence. Cette interversion est autorisée par la Vulgate et le Grec, qui ne s'accordent pas sur l'ordre à donner à ces textes.

leurs yeux la magnificence de sa gloire, et leurs oreilles ont entendu sa voix (sur le mont Sinaï), quand il leur disait : Gardez-vous de toute iniquité. 12. Que chacun aime son prochain. 13. Toujours ils marcheront en sa présence, sans pouvoir se dérober à ses yeux. [Tout homme est enclin au mal dès sa jeunesse, et n'a pas la force de changer son cœur de pierre en un cœur de chair (comme il le fera à la fin). 14. Aussi dans le partage des nations sur la surface de la terre, il a constitué à chacune d'elles un chef ; 15 mais Israël, il se l'est réservé pour lui seul. [Il retient ce premier-né sous sa discipline, et lui distribuant la lumière de son amour, il ne la lui refuse jamais.] 16. Toutes les voies de cet enfant (privilégié) sont devant lui comme un soleil en sa présence ; et ses yeux ont été toujours ouverts pour considérer ses œuvres. 17. Les iniquités de ce peuple n'ont pu lui être cachées, et tous ses péchés crient vengeance devant lui ; [mais le Seigneur est bon, il reconnaît sa créature, il ne l'abandonnera jamais, il ne lui refusera pas son pardon.] 18. L'aumône de l'homme charitable est comme un cachet, et Dieu le conserve comme la prunelle de l'œil, [et il inspire à ses fils et à ses filles le repentir de leurs fautes.] 19. Mais le Seigneur va se lever enfin, et fera tomber sa vengeance sur chacun de ces prévaricateurs, qu'il précipitera dans les parties inférieures de la terre (Ecclésiastique, 24, 45) ; 20. tandis qu'à ceux d'entre son peuple qui seront touchés de repentir il accordera le retour, il les soutiendra dans les défaillances [de leur attente], et il fera tomber le voile de leurs yeux pour connaître la vérité. (On le voit : les textes du Grec et de la Vulgate se complètent pour marquer le retour d'Israël à la fin.)

21. Revenez donc, Israël, au Seigneur ; quittez vos péchés ; 22 offrez-lui vos prières, et retranchez de plus en plus ce qui pourrait l'éloigner de vous ; 23 retournez vers Dieu en rejetant l'iniquité, [car il va vous ramener des ténèbres à la lumière du salut,] et vous faire détester ce qui

fut la cause de votre désolation. (Ayez en horreur le déicide que vos pères ont commis ; leur autorité et leur culte ne sauraient être pour vous d'aucun poids); 24 reconnaissez la justice et les jugements de Dieu (qu'il a exercés depuis des siècles contre vous), et demeurez fermes dans la résolution que vous avez prise (d'appartenir au Christ), et de prier ce Dieu Très-Haut; 25 joignez-vous au peuple saint (à l'Église) qui (seule) vit et rend gloire à Dieu ; car [qui peut chanter en enfer les louanges du Très-Haut ?] 26. Ne demeurez point dans l'erreur des méchants, louez Dieu pendant votre vie ; la mort ne connaît point de cantiques, 27 et c'est aux vivants de le chanter dans les transports d'une santé florissante ; louez Dieu, glorifiez-vous de ses miséricordes (qui vous ramènent l'âge d'or). 28. Oh ! qu'elle est grande la miséricorde du Seigneur, et sa tendresse envers ceux qui se convertissent [à la sainteté]. 29. Dieu sait bien que tout ne se peut pas rencontrer dans l'homme, parce qu'il est sujet à la mort (et à la concupiscence à cause du péché d'origine), laquelle l'entraîne dans la vanité de sa malice. 30. Qu'y a-t-il de plus lumineux que le soleil ? et néanmoins il souffre des défaillances (et nous rentrons par ces paroles dans l'interprétation que nous avons donnée des versets 27 et 28 du chap. XVI qui précède p. 72) ; et il en est de même de l'homme qui s'arrête à la chair et au sang (Galates I, 16), et cette malignité mérite punition. 31. Le Seigneur regarde la hauteur des cieux, et tous les hommes devant lui ne sont que cendre et que poussière.

CHAPITRE XVIII.

(Nous revenons avec le texte du verset qui précède et les premiers versets de ce chapitre XVIII dans la pensée première de la perfection relative de la création.) 1° Le Seigneur qui vit éternellement a créé toutes choses ensemble (1re question adressée à sainte Hildegarde) (1). A Dieu seul appartient la perfection (absolue), et il demeure à jamais le Roi invincible [qui gouverne le monde avec la main, qui sépare le sacré du profane]. (A son élu il donne la connaissance de ses merveilles, tandis qu'il la refuse au mondain) : 2° Qui peut, en effet, raconter ses œuvres? 3° en pénétrer les magnificences? 4° représenter la toute-puissance de sa grandeur (dans ses fléaux pour châtier l'homme coupable)? dire les ressources de sa miséricorde (pour relever le juste)? 5° On ne peut rien ôter, rien ajouter aux merveilles de Dieu, elles sont incompréhensibles. 6° L'homme croira-t-il avoir fini, qu'il ne sera pas même au commencement; et s'il cesse de s'y appliquer, il n'en conservera qu'un éblouissement.

(Puisque nous en sommes aux merveilles de la création, nous allons expliquer ce qui en est dit au livre des Proverbes, omettant du chapitre VIII les versets 22 à 36, qui regardent l'immaculée conception, déjà interprétés (*Système du monde d'après Moïse*, p. 150) et la femme forte du chapitre XXXI, les versets acrostiches 10 à 31.)

DES PROVERBES.

CHAPITRE III.

19. (Au commencement de la création), le Seigneur a fondé la terre avec sagesse; il a affermi les cieux (par le firmament) avec intelligence. 20. (Et au déluge), c'est par sa science (en rapprochant le soleil des glaces du firma-

---

(1) Extrait de l'*Histoire de l'Église*, par l'abbé Darras, 1er vol., p. 6 : « Le quatrième Concile de Latran, confirmant la tradition des Pères et des Docteurs, nous enseigne que « dès le commencement Dieu créa à la fois l'Ange et le Monde : « *Firmâ fide credendum est, Deum ab initio temporis* « *simul utramque de nihilo condidisse creaturam, spiritualem et corpoream* « *angelicam et mundanam.* »

ment qui retient les eaux supérieures) que les cataractes se sont rompues, et que les cieux ont distillé la rosée. (Avant le déluge il n'y avait point de nuages, puisqu'il n'y avait point d'arc-en-ciel, signe donné à Noé pour le rassurer contre les terreurs d'un nouveau déluge. En effet, les eaux supérieures ayant augmenté l'étendue des mers, et le soleil étant descendu plus bas vers la terre, la vapeur d'eau s'est formée pour produire la rosée; avant le déluge, les nombreuses fontaines y suppléaient pour féconder encore plus la surface du sol (1).

CHAPITRE XXX.

1. Paroles de celui qui rassemble (comme l'Ecclésiaste, qui veut dire celui qui assemble), du fils (de David) pour répandre son cœur (en saints cantiques devant l'Église : *Vomentis : Eructavit cor meum verbum bonum*) (Ps. 44, 1). C'est la vision d'un homme, en qui Dieu réside. et qui par sa présence est fortifié pour dire : 2. Je suis par moi-même le plus insensé des hommes; je n'ai point l'intelligence que donne la science; 3. je n'ai point fait d'études pour avoir des connaissances, et je suis encore plus éloigné de la science des saints. 4. Qui est monté au ciel pour l'apporter à la terre? Qui a pu retenir dans ses mains jointes le souffle des tempêtes? Qui a contenu les eaux dans le pan de sa robe? Qui a fixé des bornes à la terre? Dites son nom,

---

(1) Au moment où nous écrivons, nous lisons dans le journal *l'Union*, du 11 mai, sous ce titre *Influence du canal de Suez*, la relation qui démontre en petit notre assertion : « D'après des journaux anglais, l'eau qui traverse aujourd'hui l'isthme de Suez aurait déjà changé la nature du climat de cette contrée. Le sol se recouvre de végétation ; la pluie, auparavant inconnue, a fait son apparition ; dans l'espace d'un an, on a compté douze journées pluvieuses, et tout récemment il est tombé une forte averse. Les vieux Arabes admirent ce phénomène, dont ils n'avaient jamais été témoins. » Si une quantité d'eau, extrêmement minime en comparaison du cataclysme

si vous le savez, ou le nom de son fils (1)? 5. La parole de Dieu est le feu du creuset; elle est le bouclier et la défense de ceux qui mettent en lui leur confiance. 6. N'y ajoutez rien, de peur que vous soyez repris et trouvé menteur.

DE L'ECCLÉSIASTE.

CHAPITRE VIII.

17. J'ai reconnu (en effet) que l'homme ne peut trouver aucune raison des œuvres de Dieu qui se passent sous le soleil, et que plus il s'efforce de la découvrir, moins il y réussit; le sage lui-même, quand il se flatterait d'avoir cette connaissance, ne pourrait la trouver.

(Omettons ici ce qui est déjà traité dans le *Système du monde d'après Moïse*, à savoir : 1° le cours du soleil, v. 5 et 6 du chapitre I (*Système*, p. 100, 101); 2° les marées, v. 7 Remarques sur la capillarité, p. 8, en rapport avec ce

---

du déluge, a produit une évaporation telle que le climat s'est amélioré, l'effet de l'évaporation, par le rapprochement du soleil, a dû être immense sur les mers, beaucoup plus étendues après le déluge.

(1) Selon le sentiment des docteurs, *ce fils* est le Fils de Dieu fait homme, à qui le Père livre ses secrets, et le Fils les révèle à qui il lui plaît, *et cui voluerit Filius revelare* (S. Luc X, 22). Or Salomon, qui est la figure du Christ, est le fils de David, et de même que David a chanté les gloires de Marie dans le Psaume 44e; de même Salomon, dans ce livre des Proverbes, chante l'Immaculée-Conception (Ch. VIII, 22-36, Système du monde, p. 150). Salomon est donc l'Ecclesiaste, celui qui rassemble les peuples pour annoncer des vérités cachées sur la création du monde. Mais, comme nous l'avons vu au v. 5, ch. 18, du Livre de l Ecclesiastique, *on ne peut en rien retrancher, y rien ajouter, parce que les merveilles de Dieu sont ineffables* (hic, p. 76). Nous sommes donc conduit par les termes à avoir la transition du Livre de l'Ecclésiastique au Livre des Proverbes, et du Livre des Proverbes à l'Ecclésiaste, pour expliquer les merveilles de la création, et donner suite ainsi à l'Exposition du Symbole de saint Athanase, par sainte Hildegarde, pour voir se répercuter ces lumières par un feu croisé.

qui est dit dans le *Système* (pp. 270 et 271), fortifiées par le texte de la Genèse, XLIX, 25: Jacob donne à Joseph *les bénédictions de l'abîme couché par-dessous,* « c'est-à-dire, » selon l'explication du P. de Carrières, p. 232-233, t. VIII, « l'abondance des eaux de source qui viennent toutes de la mer, sur laquelle la terre surnage, comme on l'a dit ci-devant (p. 230, lig. 23-28). » Arrivons au v. 11 du chapitre III, où se trouve résolue la question principale qui nous occupe, à savoir : que Dieu a créé toutes choses dans une perfection relative.)

CHAPITRE III.

11. Tout ce que le Seigneur a fait est bon, chaque chose en son temps (selon la distinction des six jours de la création), et il a livré le monde aux disputes des hommes, sans que l'homme puisse rien comprendre aux œuvres du Tout-Puissant depuis le commencement (où elles ont été créées, car Adam avant son péché comprenait l'œuvre de la création) jusqu'à la fin, (où elles seront détruites, ou plutôt purifiées par le feu et changées. Si ces paroles devaient s'interpréter autrement, il serait téméraire celui qui prétendrait expliquer le système du monde en s'appuyant sur la Révélation, puisqu'on pourrait toujours lui opposer ce texte, lequel est interprétatif de ceux qui précèdent. Non, l'homme par les seules facultés de son esprit est incapable de tenter aucune explication; mais si à la fin le Seigneur veut révéler sa parole, sans que le commentateur ose en rien retrancher, y rien ajouter, alors, comme au temps d'Adam, l'homme sera initié aux mystères renfermés dans les merveilles de la création. Deux choses nous obligent à interpréter ainsi ce passage : 1° Si le Seigneur a jeté dans les saintes Lettres des lumières sur le système du monde, et cela est incontestable, c'est dans le dessein que la vérité en ressorte un jour, à la fin. 2° Les mots de ce texte *in*

tempore suo veulent dire que le Seigneur a créé le monde en six jours, et que le septième il s'est reposé; or rapprochons cette explication du verset 14, même chapitre de l'Ecclésiaste :)

14. J'ai appris, (dit-il) que tous les ouvrages que Dieu a créés demeurent toujours ; et nous ne pouvons rien ajouter, ni rien ôter à tout ce que Dieu a fait, afin qu'on le craigne.
15. (Ainsi) ce qui a été est encore; ce qui doit être a déjà été; et Dieu rétablit ce qui n'était plus. (Et reprenant le chapitre Ier, v. 9 et 10, nous retrouvons :)

CHAPITRE Ier.

9. Ce qui a été autrefois est ce qui doit être à l'avenir, ce qui s'est passé aura lieu encore. 10. Rien de nouveau sous le soleil, et nul ne peut dire voilà une chose nouvelle, car elle a déjà été dans les siècles qui se sont passés avant nous. (Oui ; les éléments sont toujours les mêmes, qu'ils soient décomposés par la chimie, ou mis en mouvement par la physique, l'homme ne pourra jamais échapper à la crainte de Dieu, puisque dans ses découvertes même les plus hardies, il sera convaincu d'impuissance. Mais toujours est-il que tout a été posé dès le principe en six jours *in tempore suo*, et toute l'œuvre de Dieu demeure stable, quoiqu'il soit survenu des changements marqués par la Bible. A Dieu donc, au Fils de Dieu par conséquent de révéler à qui il lui plaît, ce qui n'est qu'indiqué dans les saintes Lettres, dont cependant *un seul iota ne peut être retranché sans qu'il s'accomplisse* (S. Math. V. 18).

(Que tout homme cependant craigne le Seigneur, car, suivant la première pensée émise au chapitre XVI et XVII de l'Ecclésiastique (hic p. 48 et ss.) il a tout sujet de craindre après la dégradation causée par son péché qui l'a assimilé à la brute).

CHAPITRE III.

18. J'ai dit en mon cœur touchant les enfants des hommes, que Dieu les éprouve et qu'il leur fait voir (qu'en voulant se rendre semblables à Dieu) ils sont devenus semblables aux bêtes. 19. C'est pour cela qu'ils meurent comme les bêtes avec un sort égal; si l'homme meurt, les bêtes meurent aussi. (Ecclésiastique; 16 30, 17 1-3). Les uns et les autres respirent de même, et l'homme depuis son péché n'a rien de plus que la bête. Tout est soumis à la vanité, 20. car tout revient au même endroit: ils ont été tirés de la terre, ils retournent aussi dans la terre. 21. Qui peut savoir (sans la révélation de la Rédemption de Jésus-Christ) si l'âme des hommes monte en haut, si l'âme des bêtes descend en bas? 22... Qui pourra mettre l'homme en état de connaître ce qui doit arriver après lui? (Qui? le Seigneur, car il est écrit à la fin de ce même livre, l'Ecclésiaste.)

CHAPITRE XII.

13. Écoutons tous ensemble la fin de ce discours: Craignez Dieu, et observez ses commandements; car c'est là tout l'homme. 14. Dieu révélera en son jugement tout ce qui est caché, le bien ou le mal qu'on aura fait.

(Nous croyons la question résolue par toutes les preuves que nous avons apportées, et, si nous rapprochons les textes cités de ceux de la Genèse: I. 4, 10, 12, 18, 21, 25. *Vidit Deus quod esset bonum*, 31. *Vidit Deus cuncta quæ fecerat, et erant valdè bona*, il semble qu'il est impossible de supposer que Dieu ait créé le mal physique. A l'Église le jugement.)

Reprenons maintenant l'interprétation du Symbole de Saint Athanase.

Jésus-Christ est Dieu avant tous les siècles et homme revêtu de chair. Il est Dieu égal et coéternel au Père hors du temps ; car *tout a été fait par lui* (Jean 1) ; mais il est homme par son humanité qui est dans le temps ; homme parfait miraculeusement formé dans le sein de la Vierge ; égal au Père quant à sa divinité qui tient de l'éternité, inférieur au Père quant à son humanité, qui tient du temps. Il n'est point divisé ; il est un par l'élévation en Dieu de l'humanité que la Divinité s'est unie, et qu'elle a inondée de sa clarté, comme un rayon de soleil brille dans le soleil ; non pas qu'il y ait confusion de la substance divine en la substance humaine ; mais dans une vraie unité de personne il n'est qu'un Christ, le vrai Fils de Dieu.

Car de même que dans l'âme humaine il n'est apporté aucun changement qui empêche que l'âme soit sortie de Dieu comme par un souffle, qu'elle règle tous les mouvements de l'homme en son action, en sorte que l'âme et le corps ne sont qu'un seul homme ; de même, sans aucun doute le Fils de Dieu avant tous les siècles a pris dans le temps, comme nous l'avons dit, l'humanité dans le sein d'une Vierge, et Dieu et homme il n'est qu'un seul Christ. Il a souffert dans sa sainte humanité, lorsqu'il a été blessé par les clous et la lance (la lance surtout pour nous montrer en ces derniers temps encore plus avant la plaie de son divin cœur (Jean XIX, Is. LIII), pour sonder la blessure que le premier homme avait faite à toute sa race, et guérir nos meurtrissures par l'effusion de son sang. (Et le Christ nous fait encore goûter sous l'inspiration de Sainte Hildegarde, la dévotion à son précieux sang, si fort recommandée de nos jours. Et en la dévotion au Sacré-Cœur et au précieux Sang) il nous fortifie par les saintes onctions du baume de sa grâce, afin de fermer nos plaies par la pénitence, lorsque nous serons touchés de repentir.

Étant mort, il est descendu aux enfers en âme dans le puits de l'inferñal abîme. Là il s'en est attiré un grand nombre; il a retiré des enfers Adam, le premier homme, et tous ceux qui dans la suite des siècles avaient touché le Seigneur pai l'éclat honorable de la sainteté de leurs mœurs, et il les a placés dans ce lieu de délices et de bonheur qu'ils avaient perdu par le péché du premier père.

Par sa résurrection en ramenant son corps à la vie, il marque la trinité des personnes divines, et avec le même corps il est monté aux cieux, où il est assis à la droite du Père comme marque de sa puissance; et c'est le salut du peuple fidèle, car c'est celui qui communique la vie à ceux qu'il a rachetés par son sang.

Et tous ces fidèles sont prédestinés avant tous les temps, parce que le Verbe de Dieu, *par qui tout a été fait* (saint Jean, 1), s'est revêtu de l'humanité pour racheter l'homme qu'il avait créé. Aussi le même Fils de Dieu doit venir juste juge à la fin du monde juger : les vivants, c'est-à-dire ceux qui, opérant les œuvres de la foi, ont été occupés de la sorte; les morts, c'est-à-dire ceux qui dans leur infidélité ont opéré les œuvres de la mort. C'est alors que l'homme pécheur deviendra l'escabeau du Fils de Dieu à cause de ce jugement, et c'est alors que celui qui sera digne le connaîtra en le voyant.

Lorsque retentira la trompette, les hommes ressusciteront avec leurs corps comme à la voix du Verbe de Dieu, toute créature a été produite; et tous répondront au Christ de leurs actions qu'ils auront accomplies en leurs corps mortels. Car chacun verra clairement toutes les œuvres, dont il n'avait plus que le souvenir; ils en seront comme revêtus, et elles suivront partout leur auteur. Les bons iront jouir de la vie éternelle dans une plus grande clarté que celle du soleil, leurs âmes étant illuminées par la grâce de Jésus-Christ. C'est pourquoi les Anges loueront le Seigneur de ce que les élus auront pratiqué de si grandes vertus, dont ils seront recouverts comme d'un précieux vêtement. Il y aura aussi une grande multitude de pécheurs qui, avant leur mort ou sur le point de mourir, auront fait une sincère pénitence, en confessant leurs péchés, et le Fils de l'homme les élèvera jusqu'à lui en son sang, et donnera à chacun dans le ciel la récompense que mériteront leurs œuvres. Mais les méchants qui ne pourront alléguer aucune excuse sur leurs mauvaises actions, ne sachant ce qu'ils pourront répondre, eux qui par les artifices de Satan ont adoré de vaines idoles, et qui se sont livrés avec la tourbe des réprouvés à toutes sortes d'iniquités, descendront revêtus du manteau souillé de leurs crimes avec le démon dans l'enfer, qu'il s'est préparé, quand il a voulu se rendre semblable à Dieu.

C'est donc dans la vérité et avec fidélité qu'il faut croire qu'il n'y a qu'un seul Dieu en trois personnes, trois personnes en Dieu, et c'est en cette croyance que consiste la vie éternelle. Celui qui refuse de croire sera retranché de la lumière du salut.

FIN DU SYMBOLE DE SAINT ATHANASE.

LA RÉFORME.

O vous, les maîtres et les docteurs parmi le peuple, pourquoi êtes-vous aveugles et muets dans la science intérieure des saintes Lettres, que le Seigneur vous a confiées? De même qu'il a établi le soleil, la lune et les étoiles, afin que l'homme raisonnable pût y chercher et reconnaître les signes des temps ; la science des Écritures vous a été proposée de même, afin que vous puissiez être avertis comme par un rayon lumineux de l'approche du danger. Votre doctrine doit éclairer, comme la lune pendant la nuit, l'infidélité de ces hommes attachés à l'erreur, tels que les Sadducéens (la Sainte désigne ainsi ailleurs les Protestants) et les hérétiques et une multitude d'autres errants dans la Foi, qui prennent rang parmi vous, (c'est-à-dire qui comptent au nombre des Catholiques), et que pour la plupart vous savez se comparer tête baissée aux brutes et aux animaux. Car ils ne veulent ni voir ni entendre, que leur raison est une émanation de la Divinité, et ils refusent d'élever leurs fronts vers Celui qui les a créés, et qui les gouverne par les cinq sens qu'il leur a donnés. Comment un être doué de raison peut-il être comparé à un animal rampant, qui naît d'un souffle qu'il exhale ensuite pour mourir, et qui n'a point d'autre connaissance que celle qui lui vient de l'instinct pour craindre celui qui le frappe, et ne rien faire que ce à quoi il est poussé? Convient-il de mettre au même rang l'homme et la bête, l'animal qui sert l'homme, qui reçoit de lui la nourriture, qui est sous ses ordres, et que l'homme domine, parce qu'il est sans raison? (N'est-il pas là esquissé à grands traits le tableau des vaines théories de la philosophie actuelle?)

C'est pourquoi le Père éternel dit à son Fils ces paroles inspirées par l'Esprit-Saint : *Vous les régirez avec une verge de fer, et vous les briserez comme un vase d'argile* (Ps. II). Ce qui veut dire : ceux qui vous résistent, *vous les briserez avec une verge de fer* dure pour corriger ; *et comme un vase d'argile*, qui est de terre, *vous les briserez*, parce qu'ils sont sortis du limon de la terre.

Ces pasteurs n'entrent point par la porte d'une Foi sincère, ils ne sortent pas par la bonne renommée de leurs saintes œuvres; parce que ce sont des voleurs qui, en suivant leur propre volonté corrompent et perdent tout selon leurs désirs, ce sont des hypocrites, qui renversent la loi à la perte des âmes. Comprenez donc, ô vous qui par votre charge pastorale devez briller comme le soleil et la lune à ceux qui vous écoutent, à qui vous interprétez les Écritures plutôt pour les honneurs et les richesses du siècle que par amour pour Dieu, qu'il serait infiniment plus utile de rompre les épaisses ténèbres des hommes infidèles attachés à l'erreur, qui ignorent le chemin, pour les attirer à la Foi. Donnez-leur donc maintenant de solides instructions, qui leur démontrent, que Dieu au commencement a créé le ciel et la terre et toutes les autres créatures pour l'homme, l'homme qu'il a placé dans le paradis de délices, où il lui a donné un précepte qu'il a enfreint; ce qui l'a fait chasser dans les ténèbres de son exil. Il est prouvé par cette prévarication combien dut être grande l'expiation, quand l'homme ne voulut point obéir à son Créateur, mais à celui qui voulait le séduire (Gen., III); puisqu'il était juste d'obéir à Dieu, et non à cet esclave trompeur qui voulut s'assimiler à son Maître.

C'est par cette doctrine que vous remplirez le vœu de ceux qui vous écoutent, leur faisant sentir cette verge de fer, pour leur apprendre à ne pas fuir leur Créateur, de peur que par leur infidélité qui les en détourne, ils tombent dans le sépulcre de l'enfer avec celui qu'ils ont voulu imiter. S'ils persévèrent dans leur infidélité, ils seront brisés comme un vase d'argile, que le potier rejette comme inutile et indigne; n'accomplissant pas les œuvres de la Foi, ils ne pourront entrer dans la vie éternelle, de même qu'on brise et qu'on ne répare pas un vase de terre mal fait. Voilà ce qu'il faut comprendre, vous tous qui gouvernez les peuples, jetez les yeux sur le Seigneur invincible, invisible aux mortels, et prenez garde à la charge que vous tenez de lui; car c'est un grand honneur dont il vous a glorifiés en son nom; exercez donc votre autorité, de manière à n'avoir pas au dernier jour à rougir devant lui de votre administration. Prenez garde à ne pas vous laisser amollir par les plaisirs de la terre et les délices du siècle, qui ne vous laisseraient pas même l'œil (de Balaam) pour considérer la céleste doctrine.

LES NOCES DE L'AGNEAU.

Ces paroles vous paraissent dures à entendre, parce que celui qui s'applique avec soin aux choses du ciel, se trouve par cette préoccupation même appliqué à la mortification de tous ses sens, en réprimant les désirs de la chair. Gardez-vous donc, puisque vous avez la crainte de Dieu, qui est la vérité et la vie, de mépriser la personne, qui, sous un sexe fragile, sans connaissance des lettres, quoique d'une complexion délicate depuis son enfance jusqu'à l'âge de quarante ans, vous communique ces enseignements, qu'elle n'a pas reçus par les sens extérieurs, mais par les impressions de son âme à l'intérieur. N'allez donc pas vous prévaloir de votre science pour mépriser cette personne; car Dieu a bien fait parler un animal, quand il l'a voulu (Nomb. XXII). Cette révélation, qui m'a été faite, n'a cessé de me frapper depuis mon enfance jusqu'à l'âge que je viens de dire; et je l'ai écrite en ce lieu même qui, détruit par plusieurs tyrans, est resté pendant plusieurs années dans la désolation. C'est là que se sont conservées les reliques de saint Robert, issu d'une famille illustre selon le siècle, et que Dieu a glorieusement appelé à lui dans la vingtième année de son âge ; et c'est par l'intercession du Saint, que cette contrée depuis si longtemps désolée a recouvré sa splendeur à cause de ses miracles. Le Seigneur du haut de son sanctuaire s'est rappelé ces paroles qu'il a adressées à ses disciples : *Les cheveux de votre tête sont tous comptés* (S. Math. X.), et il a voulu exalter ses mérites. Il faut donc écrire la vie des Saints pour faire retentir aux oreilles des fidèles la juste renommée de leurs mérites, de même qu'on doit relever la magnificence des créatures pour en louer le Créateur.

Dieu est éternel, et son œuvre a été faite pour la gloire de son nom (et celui qui doit exalter son œuvre est l'homme); puisque l'homme n'existerait pas s'il n'avait une âme, et que l'âme ne pourrait rien faire sans le corps. C'est ainsi que l'Ange (qui est esprit) est la louange de Dieu, et que l'homme (qui est âme et corps) est l'œuvre en Dieu. Que l'homme soit donc (dans cette œuvre inférieure de ce bas monde) la louange de Dieu, seul éternel, et cela par les mérites des Saints, dans toutes les merveilles que le Seigneur y accomplit en tout créant, et en renouvelant le ciel et la terre au dernier jour (et l'homme sera encore incapable de le louer comme il faut); car qui peut atteindre les hauteurs, les profondeurs, et comprendre toute l'étendue de la science de Dieu (même à n'envisager que les créatures inférieures aux Anges ? D'après ces paroles, les Anges sont les admirateurs du monde des esprits, y compris l'homme, puisqu'il a une âme, et les Saints, c'est-à-dire les hommes sanctifiés, sont plus particulièrement les admirateurs du monde extérieur, puisqu'ils ont un corps. Telle est la hiérarchie de la création. Il faut donc être fidèle sur la terre pour rendre hommage à Dieu de la création du monde d'ici-bas, et conséquemment être saint dans le ciel pour rendre hommage à Dieu du nouveau ciel et de la nouvelle terre après le temps et dans l'éternité. O homme, reconnais donc tes sublimes destinées, et ne pèche plus!)

C'est donc cette écriture que les fidèles doivent écouter et comprendre. Oh! qu'elle est digne de louanges la Divinité, qui en créant par son opération s'est révélée elle-même par sa créature. C'est la louange que firent retentir dans la fournaise les trois enfants sans emprunter le langage de la sainte Écriture, et moins encore le secours de la science humaine (Daniel III). De même que l'âme humaine, délivrée de son corps, n'a d'autres désirs que de connaître et d'aimer Dieu; de même ces trois bienheureux enfants, quoique vivants encore en chair et en os, se sont spirituellement transformés pour soupirer vers Dieu de toute leur âme. Dieu le Père a permis aussi que son Fils fût glorifié même par l'ignorante incrédulité en la personne de Nabuchodonosor, comme il permet aussi que les malins esprits le connaissent, sans le glorifier, tous témoins qu'ils sont parfois de la grandeur de ses merveilles.

Il a manifesté sa toute-puissance dans Samson, cet homme d'une force prodigieuse, lui qui, domptant les lions et les autres bêtes féroces (Juges, XIV), s'est aussi laissé tromper par sa femme et ses ennemis (Juges. XVI). C'est ainsi que le Christ a dépouillé l'enfer, et a renversé la force de ses ennemis. David dans un généreux combat contre Goliath (I, Rois XVII). a été la figure du Fils de Dieu, qui dans son humanité devait enchaîner l'ancien serpent. Il a aussi revêtu de force le cœur d'une femme pour tuer Holopherne pendant la nuit, et délivrer ainsi le peuple d'Israël (Judith, XIII). Judith était la figure de la Mère du Fils de Dieu, par qui le peuple d'Israël devait être délivré. Les Saints de l'Ancien Testament par les prophéties des Prophètes et les holocaustes des béliers et des taureaux ont été la figure de la nouvelle alliance; et c'est ainsi que le Seigneur a marqué d'avance l'union de son Fils à son Église par les noces de l'Agneau. Le vêtement de l'humanité du Fils de Dieu est pour l'Église la marque de l'union qui la consacre au Fils de Dieu, qui se l'est acquise en dot par l'effusion de son sang, puisqu'il régénère pour la vie par le baptême tous les enfants qu'Ève avait engendrés pour la mort. Le Seigneur Jésus a épousé l'Église par son sang, comme par le serment significatif que fit Éliézer à Abraham pour marquer dans la suite des générations l'alliance de Jésus-Christ à son Église (Voir la 9e question.) (Si donc les Anges, tous esprits, élèvent leur concert de louanges à Dieu qui est esprit, l'homme sanctifié dans l'Ancien Testament, nous venons de le voir, comme dans le Nouveau, nous l'allons voir, rend par Jésus-Christ de dignes actions de grâces à Dieu pour tout ce qui est terrestre et charnel.)

Mais lorsque Lucifer avec toute sa cohorte comprit que Dieu le Père voulut célébrer publiquement les noces de son Fils, il frémit en lui-même, et se troubla comme Caïn pour répandre le sang d'Abel, (Gen., IV) : il suscita les incrédules et les tyrans contre les justes et les élus de Dieu pour les saisir, les frapper et les faire mourir. (C'est cette haine de Satan dont nous sommes maintenant les témoins; c'est lui qui déploie son acharnement contre la puissance temporelle et même spirituelle du Pape, pour ameuter contre elle et les incrédules et les potentats, parce qu'il est venu le moment où par la proclamation du dogme de l'Immaculée Conception, le Seigneur montre à tout l'univers et publiquement les noces de l'Agneau avec l'Église dont Marie immaculée est la mère.) De là vient que Jésus-Christ a proposé une parabole à ses disciples, leur parlant d'un roi, qui envoya ses serviteurs pour prier les conviés de venir aux noces. Sur leur refus il envoya d'autres serviteurs pour les appeler de nouveau, parce que le festin était prêt (S. Matth, XXII). Eux, loin de s'y rendre, se saisirent de ces serviteurs et les tuèrent après les avoir accablés d'injures. C'est ainsi que les Juifs et les incrédules ont pris à plaisir de s'ameuter souvent contre les saints Prophètes de l'Ancien Testament et contre les Apôtres venus à leur suite, et de les faire mourir.

(Oui, les noces de l'Agneau se préparent à la fin pour le *repas du soir;* mais les gens sont peu disposés à s'y rendre, quoiqu'ils soient tous conviés; on voit au contraire les peuples et les potentats pour la plupart rejeter le dogme de l'Immaculée Conception et préparer une persécution terrible contre les vrais fidèles.)

Mais le Seigneur s'est souvenu du serment qu'il a fait, lorsqu'il a placé l'arc dans les nuées du ciel (Gen., IX). (Après la comparaison des foudres et des tonnerres, qui figurent les ennemis du Christ dans la suite des siècles l'arc-en-ciel apparaît (pp. 59, 60 hic). Cet arc représente son Fils qu'il a fait naître d'une Vierge, son Fils qui a vaincu par un combat à outrance toutes les puissances adverses, les noyant comme en un déluge universel (Gen., VII). Il a recouvré dans les eaux du baptême tout un monde nouveau par le règne de l'Église en Jésus Christ, laquelle est aussi apparue comme un arc-en-ciel. Car (l'Église est comme Jésus-Christ l'arc du salut), parce que l'Église est unie à Jésus-Christ, comme la circoncision était unie à la Loi ancienne pour annoncer et servir d'avance l'Église. Mais ce nouveau monde sauvé par les eaux du baptême, et qui a reçu le riche ornement de l'Église, ne sera jamais abaissé dans une complète humiliation, de même que l'arc ne peut jamais manquer dans le ciel, quoique ce nouveau monde soit tellement opprimé par la crainte, qu'on aura de la peine à le voir. Mais il sera de nouveau recouvré par le Christ. Les différentes couleurs de cet arc marquent la force des vertus des Saints au nombre millénaire (pour achever le règne de mille ans) : la couleur de feu est l'emblème de la chasteté et de la continence : la couleur de pourpre annonce le martyre des martyrs ; l'hyacinthe représente la doctrine des Pères ; le vert marque par bonnes œuvres, la vertu des Saints, qui, animés de l'Esprit du Fils de Dieu lancent des rayons pareils à ceux du soleil. (Nous sommes donc à l'heure d'une persécution qui rendra presque invisible l'Église de Dieu, quoique ses grandes œuvres apparaissent par la chasteté, le martyre et les vertus sublimes.)

Ce roi enverra ses armées, perdra ses homicides, brûlera leur ville. Car après que les douleurs, c'est-à-dire les anciennes qui annonçaient (la ruine de Jérusalem) ont été passées, après que le Tout-Puissant s'est irrité contre ses ennemis, envoyant les Romains, ces maîtres du monde, contre Jérusalem pour détruire de fond en comble cette cité, énivrée du sang du véritable Agneau et du sang des Saints en grand nombre, pour anéantir tout ce que ses habitants avaient de plus précieux, ou pour s'en emparer les mettant à mort; après ces douleurs (c'est-à-dire les nouvelles comparables aux anciennes), l'Église a été réédifiée de nouveau, comme la sainte cité, la nouvelle Jérusalem, qui descend du ciel (Apoc., II), préparée de Dieu comme une épouse à son époux. L'Agneau de Dieu s'est attaché les enfants à la mamelle, les adolescents, les jeunes gens, les hommes faits, les vieillards, pour en orner son Église par de nouvelles œuvres, par les humbles vertus qui descendent du ciel; en sorte que chacun d'eux a pu accomplir les bonnes et saintes œuvres préparées par l'Esprit-Saint, afin que l'épouse fût ornée pour l'époux dans les ardeurs de la plus pure dilection.

Et de même que l'Église est unie au Christ, de même par la permission de Dieu saint Robert a été uni à l'Église, lui qui dès son enfance a été rempli de grâce, etc.

FIN.

15. — Paris — Imprimerie de Cusset et Ce, rue Racine, 26.

www.ingramcontent.com/pod-product-compliance
Ingram Content Group UK Ltd.
Pitfield, Milton Keynes, MK11 3LW, UK
UKHW012052240726
13965UKWH00003B/1230

9 782012 720565